유방암환우를 위한
요리닥터

| 일러두기 |

유방암은 완치까지의 과정이 길고 환우가 여성이다 보니 식생활 부분이 참으로 힘이 많이 듭니다. 가정을 꾸려 가시던 분이나 혼자이신 분이나 그 긴 여정 내내 보호자가 식사를 챙겨주실 수는 없는 상황입니다. 그리고 항암 사이클이 끝나면 어느 시점부터는 본인의 식사만 아니라 가족의 식사까지 아픈 팔로 준비해야 합니다. 도와줄 사람이 없는 일인 가구여도 그렇고 돌봄이 필요한 어린 자녀가 있는 가정에서는 그 부담이 더 커집니다.

==이 책은 유방암 진단 이후, 나를 위한 건강요리 자립서입니다.== 요즘 세상에는 주변에 맛있는 식당도 많고 이미 가공, 조리되어 배달해 주는 음식도 많습니다. 무엇을 먹으면 몸에 좋은지 정보도 넘쳐나는 사회입니다. 그렇지만 환우의 입장에서는 가끔은 몰라도 배달 음식이나 식당 음식을 달고 살 수는 없습니다. 무엇이 들었는지 내가 알고, 나에게 알맞고, 내 손으로 만든 안전하고 깨끗한 음식이 필요합니다.

그러나 전통적인 조리법으로 몸에 좋은 집밥을 마련하는 일은 사실 너무 힘이 듭니다. 준비 과정도 길고 디테일도 많습니다. 게다가 유방암은 수술 후 팔을 조심히 사용하지 않으면 후유증도 크기 때문에 칼질도 많으면 감당이 안 됩니다. 그래서 이 책을 구상하게 되었습니다.

레시피들은 치료 단계에 맞게 암환자들에게 좋은 것으로 최대한 맛을 살렸습니다. 그러나 생략할 수 있는 단계는 과감히 줄였습니다. 이용할 수 있는 도구들을 영리하게 활용하여 매 끼니를 가능한 한 부담 없이 만들 수 있도록 레시피들을 큐레이션 하였습니다.

  이 책의 다른 목적은 항암 사이클로 식욕을 잃고 음식을 전혀 드시지 못하는 환우들에게 먹을 수 있는 것들을 보여드리고자 하는 의도도 있습니다. 책을 읽으시는 분께서 환우가 아니고 보호자라면 옛날에 좋아하셨던 메뉴를 조곤조곤 맛깔나게 이야기해주면서 음식 사진을 보여주시고 맛을 기억나게 유도해 주시기를 바랍니다. 이런저런 메뉴를 추천하다 보면 식욕이 사그라졌던 환우들도 한번 먹어볼까 하고 마음이 동합니다.

  한 입을 드시면 다음 한 입도 들어갑니다. 그럼 한 걸음이라도 일어설 수 있는 기력이 생기게 됩니다. 환우들의 몸과 마음이 다운되지 않게 기분 좋고 맛있는 솔깃한 제안을 담은 이 책이 여러 환우께 긴요하게 쓰이기를 기원합니다.

Contents

| 일러두기 |
| 머리말 | … 10

PART. 1
유방암 치료를 위한 준비 단계

1. **진단 후 치료 전 준비** … 12
   상급병원 진료 신청 … 12
   상급병원 진료 신청 시 준비 서류 … 13
   컨디션 관리 … 14

2. **항암요법(선행항암, 예방항암)** … 24
   항암 로드맵: 주치의 진료 시 물어볼 질문들 … 24
   암의 유전적 타입과 기수 … 25
   항암제의 부작용을 알고 준비하자 … 27
   항암제 부작용별 대처 방안 … 29
   페이스를 조절하자 … 47

PART. 2
수술·방사선·회복을 위한 식사관리

1. **수술 후 회복과 관리** … 52
   무통 주사 … 53
   수술 상처 및 배액관 관리 … 54
   퇴원 후 마사지 케어 … 55
   재활 운동 시작 … 57
   림프부종의 예방과 치료 … 58
   액와막 증후군: 마사지와 도수치료 … 61
   수면장애로 인한 허리통증, 오십견 및 기타 통증 … 62
   재활 식사 … 63

3. **방사선 치료와 식사** … 65
   방사선 치료 시 피부 보호를 위한 팁 … 66
   방사 후 강직 … 67
   음식 알레르기 … 68
   방사선 치료 시 식이요법 … 69
   운동 … 69

3. **전이와 재발을 막는 일상 식사** … 71
   항호르몬 요법 … 71
   항호르몬 투약 시기의 식사요법 … 73
   표적항암 … 77
   다시 일상으로 돌아가다 … 78

PART. 3
유방암환우들을 위한 힐링 레시피

1. **한 숟갈의 힘,**
   항암 진정 요리(항암제 투여 중 식사) … 96
   아이스 레몬 디톡스 워터 … 99
   블루베리 그릭요거트 … 101
   딸바 아이스크림 … 103
   키위 파워 아이스바 … 105
   비트 바나나 슬러시 … 107
   우엉 율무 라떼 … 109
   진저 라떼 … 111
   들깨 미역냉국 … 113
   두부 콩나물 냉국 … 115
   냉바지락탕 … 117
   냉녹차 밥(오차스께) … 119
   참치를 얹은 냉동 오이 비빔밥 … 121
   서리태 냉콩죽 … 123
   도토리묵밥 … 125
   새우 오이지 냉국 국수 … 127
   냉김치 수육 국수 … 129

새우 두부 계란찜 … 131
깻잎 수란 … 133
내 멋대로 샐러드 … 135
두부구이와 두 가지 라페 … 137

2. **최소한의 노력으로 만드는
   수술 후 항암 고단백 요리** … 138

지중해식 레몬소스의 연어 바이트(고등어) … 141
연어 밥 … 143
브로콜리를 곁들인 데리야끼 연어 … 145
사과 샐러드를 곁들인 고등어 파피요트 구이 … 147
오렌지와 머스타드를 곁들인
에프 고등어구이 … 149
광둥식 탈라 피아 찜 … 151
대구 간장구이와 양배추샐러드 … 153
대구 날치알 그라탕 … 155
명란 버섯 솥 밥 … 157
굴 무밥 … 159
전복 미나리 솥 밥 … 161
볶은 조개 양념 국수 … 163
오징어(갑오징어) 미나리무침 … 165
해산물 커리 … 167
새우 크림 마늘 … 169
녹두 누룽지 닭곰탕 … 171
레몬 페퍼 치킨 … 173
에어프라이드 파르메지아노치킨 … 175
두부 강정 … 177
무생채 두부구이 … 179
아롱사태 수육 전골 … 181

3. **전이와 재발을 막는 면역 강화식** … 182
   오트 우유 … 185
   오버나잇 캐럿 오트 … 187
   아몬드 우유 … 189
   에브리씽 레드 주스 … 191
   에브리씽 그린 주스 … 193
   새우 오트밀 리조또 … 195
   토마토 치킨과 강황 밥 … 197
   잔멸 견과 김밥 … 199
   유부 초두부 … 201
   두부피 라쟈냐 … 203
   컬리플라워 볶음밥 … 205
   가지 덮밥 … 207
   토마토 계란 새우 덮밥 … 209
   허니갈릭 버팔로 윙 … 211
   단호박을 넣은 안동찜닭 … 213
   쇠고기 스팀팩과 세 가지 소스 … 215
   원 팬 해산물 냉동 파스타 … 217
   가자미 미역국 … 219
   컬리플라워 그라탕 … 221
   치아 푸딩 … 223

PART. 4
유방암과 관련된 음식 루머와 진실

1. **석류** … 226
2. **커피** … 227
3. **강황** … 228
4. **우유** … 229
5. **콩** … 232
6. **자몽** … 233
7. **설탕** … 234

| 머리말 |

모든 암의 치료에는 순서가 있습니다. 심장이 덜컥 내려앉는 암 진단부터 소박한 일상으로 되돌아가기까지 유방암의 치료는 긴 여정을 지나갑니다. 다행히 우리나라의 유방암은 완치 확률이 94%에 이르는 순한 암이기는 하지만 짧아도 1년, 길면 2년에서 10년은 걸리는 시간을 암과 씨름하고 싸우며 지내야 합니다. 유방암 치료의 단계를 간단히 설명하면 다음과 같습니다.

- **1단계** 진단 – 항암 대전을 시작하며
- **2단계** 선행항암 – 암의 예봉을 꺾고
- **3단계** 수술 – 험한 산을 넘고
- **4단계** 방사선 치료 – 불구덩이도 통과하고
- **5단계** 항호르몬 요법과 예방항암 – 재발과 전이가 없는 회복
  드디어 해가 비치는 일상

전쟁으로 친다면 선항은 기세등등한 암의 예봉을 꺾고, 수술은 암 주력 부대를 제거하는 단계입니다. 이후 방사선과 예방항암은 혹시라도 다시 나타날 수 있는 숨어있을 암의 잔당을 소탕하고 경계근무를 서는 단계라고 할까요? 물론 모든 사람이 이 5단계의 치료 과정을 다 거치지는 않습니다. 암의 병기와 암종에 따라 어떤 이는 선항 없이 바로 수술로 진입하고, 또 다른 누구는 선항과 예항 둘 중에 한 단계만 하기도 하

고, 누구는 2년만 주사 맞고, 누구는 10년을 항호르몬제를 복용하기도 합니다.

  병원에서 의사 선생님께서 적절한 항암제와 수술, 방사선을 도구 삼아 적극적으로 항암 대첩을 진두지휘하신다면 각 단계에 맞는 음식과 운동으로 그 전투력을 오롯이 유지하는 것은 환자의 몫입니다. 급하다고 우물가에서 숭늉 찾을 수는 없습니다. 그래서 암 식단에도 순서가 있습니다. 순서가 거꾸로 인 전투 식단은 암을 치유하는 데 도움이 안 되는 정도가 아니라 항암 과정을 완료하지 못하고 중도에 멈출 수밖에 없게 만듭니다.

  이 책은 치료 순서에 맞는 식생활과 식단이 어떤 것인지 차곡차곡 알려드릴 것입니다. 삶은 끝까지 살아남는 자의 것입니다. 험난한 항암의 여행길을 치열하게 전진하는 모든 환우분에게 이 책을 드립니다.

PART. 1
유방암 치료를 위한 준비 단계

1.
진단 후 치료 전 준비

2.
항암요법(선행항암, 예방항암)

1. 진단 후 치료 전 준비

환자들은 갑작스러운 암 진단으로 멘붕 상태에 놓여 우왕좌왕하기 쉽습니다. 대개 '나에게 이런 큰 병이?'라는 믿어지지 않는 현실에 좌절하고 걷잡을 수 없는 불안감에 이 시기를 보내게 됩니다. 걱정 많고 불안하지만 그래도 이 시기는 환자가 할 수 있는 일이 많은 시간입니다.

  이 중요한 시기에 가장 도움이 안 되는 태도는 걱정과 스트레스로 시간과 체력을 낭비하는 것입니다. '걱정은 뼈를 마르게 한다.'는 현명한 격언을 기억하시기를 바랍니다. 암세포를 죽인다는 식재료나 면역기능을 올린다는 약재, 자가 치료 방법을 찾아 헤매는 것도 이 시기에는 자칫 시간을 낭비하는 일이 될 수 있습니다.

  정신을 바짝 차리고 이 중요한 시간을 유용하게 써야 합니다. 일단 항암이 시작되면 못 먹고 못 소화하고 못 자고 여기저기 아픈 고통도 큽니다. 최초 진단 후 확진과 항암 일정이 시작되기까지는 길고 지난한 항암 대첩을 시작하기 전 체력을 키울 수 있는 가장 중요한 시기입니다.

상급병원 진료 신청

0기 유방암은 자각 증상이 거의 없지만 주기적인 건강검진에서 발견됩니다. 조금 진전된 암은 덩어리가 만져지는 촉감이나 형태 이상, 거울로 봤을 때 양쪽의 모양이 다르다거나 간헐적으로 찌릿찌릿 기분 나쁜 통증 등을 느끼고 영상의학과나 유방외과에서 유방초음파 검사를 받아 확인하는 경우가 대부분입니다.

검진센터나 동네병원에서 유방암을 진단받으면 항암이나 수술 등 치료는 상급병원에서 진행해야 합니다. 그러나 바로 치료를 시작할 수 있는 것은 아니고 상급병원에서는 진짜 유방암이 맞는지, 맞는다면 얼마나 진행되었는지를 확인하기 위해 다시 여러 검사를 하게 됩니다. 기본적으로 유방촬영술이나 유방초음파를 시행하고 종괴가 분명하지 않을 때는 유방 MRI까지 진행합니다. 또 전이가 의심될 경우에는 뼈 스캔이나 흉부 CT 등도 살펴 치료 범위를 확정하게 됩니다. 피검사로 종양 표지자, 호르몬 검사 등을 진행할 수 있습니다. 보통 상급병원을 예약하여 각종 검사를 수행하고 치료를 수행할 주치의의 진료까지 보통 1~2달 이상 지체될 수도 있습니다.

상급병원 진료 신청 시 준비 서류

시간을 아끼기 위해서는 최초 진단받은 병원에서 검사한 내용과 결과를 제출하시는 것이 좋습니다. 미리 전화하여 필요 서류를 확인하시기를 바랍니다. 병원마다 가져오라는 것이 다를 수 있습니다. 특히 조직 슬라이드가 있다면 꼭 매수를 확인하고 챙겨 가시기를 바랍니다. 그렇지 않으면 몇 번을 왕복하느라 고생하고 아까운 시간이 흘러가게 됩니다.

상급 병원 진료 신청 시 준비서류 체크리스트

- ☐ 진료의뢰서와 의사 소견서
- ☐ 조직검사 결과지
- ☐ 조직 비염색 슬라이드와 염색 슬라이드

혹시 두 군데 이상의 상급병원을 예약하여 이중으로 진료를 받아 보려면 조직검사 결과지와 의사 소견서는 여러 벌 준비가 가능하지만, 비염색 슬라이드는 한 곳에 제출하면 돌려받아야 다음 병원에 제출할 수 있습니다. 그러므로 제출 시 언제 돌려받을 수 있는지 확인하셔야 합니다. 보통 1~2주 후에 돌려받을 수 있고 병원에 따라서는 요청하지 않으면 돌려주지 않을 수도 있기 때문에 확인이 필요합니다.

컨디션 관리

(1) 항암은 체력빨이다

원래 비만하면 유방암의 발생률이 높아진다고 알려졌지만 일단 암 진단을 받은 후는 살찌는 것을 경계할 시기는 아닙니다. 내 몸이 항암제를 이길 수 있어야 항암제가 암세포와 싸워 이길 수 있습니다. 그러므로 진단받고 항암 코스에 돌입하기 전 이 시기에는 최대한 영양 보충으로 체력과 면역력을 올려두어야 합니다.

항암이 시작되면 체중이 급격히 감소하며 체력이 소진됩니다. 그래서인지 항암 치료 시 체중이 나가는 사람이 마른 사람보다 장기 생존율이 더 높은 경향을 보입니다. 학계에서는 이를 비만의 역설(Paradox of obesity)이라고 부릅니다. 그러므로 이 시기는 다이어트를 할 때는 아닙니다.

가리지 말고 먹어야 합니다. '무엇이 안 좋네, 어떤 성분이 암세포를 키우는 먹이네' 하는 말에는 귀도 기울이지 마시기를 바랍니다. 이 시기에 면역성을 높이는 음식이 좋겠지만 그것만 먹는다고 10여년 이상 자란 암을 제어할 수는 없습니다. 오히려 나쁜 거 안 먹으려고 하고 좋은 것만 찾아 먹으려 하다 보면 필요한 영양을 못 채워 손해가 될 뿐 아니라 이런 생각 자체가 스트레스가 됩니다. 무조건 체력을 키울 수 있게 단백질이 듬뿍 든 식사를 입맛에 맞는 것으로 골라 넉넉히 드시기를 바랍니다.

출처: 비만병 팩트시트 2024, 대한비만학회

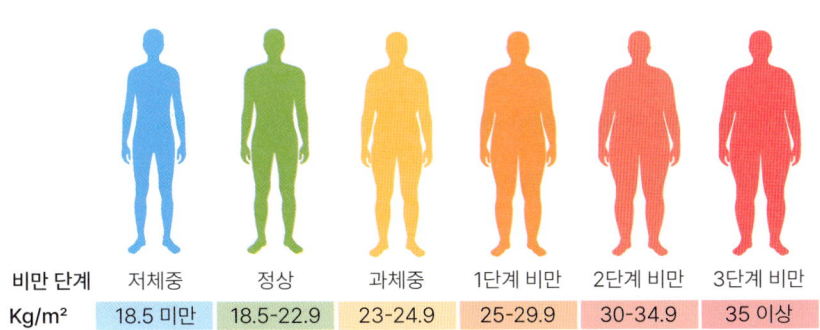

비만의 역설: Obesity paradox
과체중 정도의 상태가 가장 암 치료 효과가 좋다

(2) 스트레스를 관리하라

환우 A씨

전 담배도 안 피우고 술도 안 먹고 채식주의라 동물성 음식도 안 먹어요. 주 3일 운동도 열심히 했고요. 그리고 가족이나 친척들 아무도 유방암 없어요. 그런데 왜 내게 이런 흉측한 암이 생겼을까요? 이해도 안 가고 억울하고 화만 나요.

암은 교통사고와 같은 것입니다. 누구나 걸릴 수 있고, 아무리 조심해도 걸릴 수 있습니다. 그러나 이 사실을 받아들이지 못하고 왜 유방암에 걸렸는지 많은 환자가 고민합니다. 그리고 내가 나쁜 걸 먹었나? 생활이 불규칙했나? 등등 자책하기도 합니다. 도저히 이유가 생각이 나지 않으면 분노하게 됩니다. 나쁜 사람들도 이런 암 안 걸리고 잘 사는 데, 매일 술 마시고 줄담배 피우는 옆 사람도 혈색만 좋은데 도대체 내가 왜? 왜? 왜?

당연한 과정입니다. 많은 분이 암 진단을 받는 순간 극도의 충격을 받고 스트레스를 극심하게 받습니다. 그리고 원인이 뭔지를 찾으려 하고 결국 어딘가 원망의 화살을 날려 보내고 싶어 합니다. 그게 내 자신이든 주변 환경이든.

왜 내가? 라는 질문에 답은 없습니다. ==암은 운 나쁘면 걸려 넘어지는 돌발적인 사고와 같아서 내 잘못도, 가족의 잘못도 아닙니다.== 그리고 이 질문은 이미 병이 발생한 이상 도움이 되지 않습니다. 스트레스와 걱정, 분노, 원망은 신체의 면역력을 떨어뜨리므로 오히려 암세포를 더 기세 등등하게 만들어 줍니다.

갑작스러운 암 진단에 스트레스를 안 받을 수 없지만 유방암은 가장 완치율이 높은 암임을 되새기며 근심과 우울, 좌절감으로 스스로를 해치지 말아야 합니다. 의도적으로 더 먹고 싶은 것 먹고, 좋은 거 보고, 신앙생활로 마음을 관리하여야 합니다. 이 시기 체력을 키우는 것만큼이나 마음의 근육도 늘려가세요. 밀려오는 걱정 근심에 둥둥 떠다니지 말고 적극적으로 마음을 붙잡고 관리하여야 합니다. 마음 관리도 훈련입니다. 신앙이 큰 힘을 발휘합니다.

만성적인 스트레스는 미세환경에 대한 호중구 변화로 인해 전이를 증가시킨다.
　Chronic stress increases metastasis via neutrophil-mediated changes to the micro environment. Cancer Cell vol 42(3) p474-482, 2024
　만성적으로 스트레스를 주었을 때 변형된 호중구를 통해 암세포가 더 잘 확산하게 되어 전이가 더 용이해지는 것을 증명하였다.

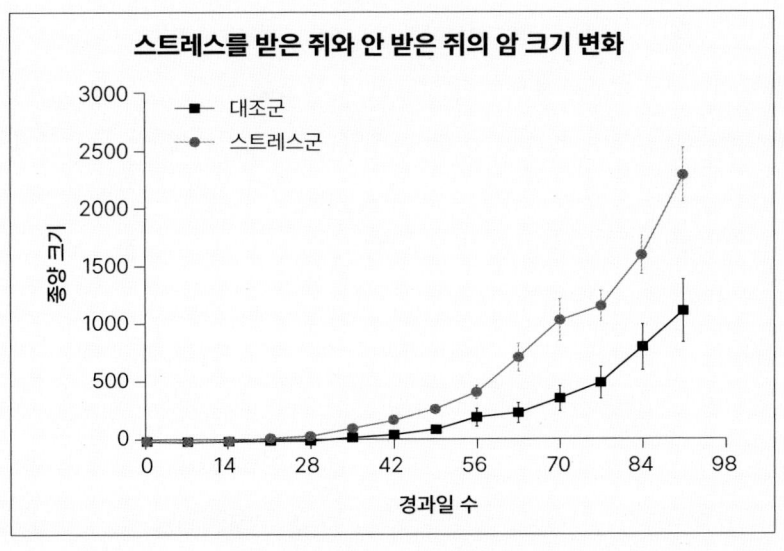

잘 먹고 잘 자고 무리하지 않는 걷기나 전신운동을 하며, 근거리 여행도 하고 좋은 글을 읽으며 좋은 사람과 이야기를 나누는 등 치료 전에 마음의 근력을 충전시키는 것도 최선의 항암 준비입니다. ==기억하세요. 걱정하고 우울해할수록 암세포는 더 맹렬히 자라고 빠르게 전이됩니다.==

(3) 염증을 관리하자

환우 B씨

> 암 진단받고 한 달 되었고 기수나 타입 아직 안 나왔어요. 그런데 진단받은 이래로 몸 상태가 너무 안 좋아요. 음식이 소화가 안되어 먹지도 못하겠고 불면증으로 잠도 못 자겠어요. 갱년기 증상처럼 여기저기 다 아프고... 그전에는 이렇지 않았는데 이게 암 때문인 건지 심리적인 건지 항암도 하기 전에 너무 힘들어요.

우리 몸의 면역력이 강할 때는 사소한 이상 징후도 포착하여 암세포가 생기는 순간 일제히 공격하여 파괴합니다. 그런데 이미 암세포가 자라고 뿌리를 내려 조직적으로 덩어리를 이루었다는 것은 우리의 면역계가 암을 잡을 초기 찬스를 놓친 결과입니다. 덩어리가 커진 상황에서 항암제를 투여하면 항암제는 암세포를 죽이고 파괴하면서 염증 반응을 일으킵니다. 염증은 세포가 파괴될 때 나온 각종 사이토카인 화학물들로 면역세포들이 예민하게 작동하는 것을 의미합니다.

문제는 항암제가 유도한 염증 반응은 양날의 칼과 같아서 적과 나를 가리지 않고 공격함으로써 우리 몸의 정상적인 면역기능까지 대혼란에 빠트립니다. 항암제와 암세포들이 싸우는 과정에 이유도 없이 열이 나고 전신에 염증이 커지는 상태가 되는 경우도 많습니다.

양날의 칼인 암과 염증

면역세포들이 침투하지 못해 염증반응이 일어나지 않는 차가운 암
출처: Carl Conway/Macmillan Publishers Limited

암 조직을 염색하여 살펴보면 환자에 따라 면역세포들이 암 덩어리 내부로 침투하여 열심히 싸우는 중인 암이 있습니다. 이럴 때 암세포가 부서지면서 염증 반응이 생깁니다. 그러나 일부 다른 환자들은 면역세포들이 전혀 접근하지 못하도록 이상 혈관과 섬유아세포로 철벽 방어벽을 쳐놓은 암 덩어리도 있습니다.

암 덩어리 내부로 면역세포들이 침투하여 종양 미세환경에 염증이 심한 경우를 뜨거운 암(Hot tumor)이라고 하고 이런 경우 암세포들은 면역세포들의 공격을 받아 맹렬히 전투를 치르는 중임을 의미합니다. 반면 어떤 환자는 전혀 염증 반응이 없는 암 조직들을 가질 수도 있는데 이 경우 면역세포들이 아예 덩어리 내부로 침투하지 못하기 때문에 종양은 제지받지 않고 활발히 증식하며 전이도 잘 되는 경향이 있습니다.

종양 미세환경은 어떤 항암제를 쓸 것인가에도 중요한 지표가 됩니다. 염증이 있는 뜨거운 암에는 면역항암제들이 잘 듣는다고 합니다. 반면 차가운 암에는 항암제들이 제대로 작동하지 않게 되므로 먼저 차가운 암을 뜨거운 암으로 바꾸는 치료가 필요합니다. 그러므로 환자의 염증 상태는 항암제의 치료 성과와 치료 방향을 판단하는 데도 중요한 자료가 됩니다.

과민할 정도로 염증 정도가 강해지게 되면 정상적인 면역체계가 작동하지 않기 때문에 소소한 감염에도 매우 취약하게 되어 항암을 계속할 수가 없게 됩니다. 이렇게 항암제는 우리 몸의 면역체계를 뿌리째 흔들어 놓기에 항암에 들어가기 전에 염증을 일으킬만한 감염질환들에 대해 사전 대비하는 것이 중요합니다.

일단 항암 시작하면 잡다한 감염성 질환에 우리 몸은 무방비 상태가 됩니다. 항암제 투여 이후 전신 염증이 심해지고 염증 수치가 내려가지 않으면 의사 선생님들은 부득이 항암제의 투여를 연기하거나 용량을 줄이는 처방을 내리실 때가 있기 때문에 ==순조로운 항암을 위해서는 미리 염증 관리를 해두는 것이 좋습니다.==

항암을 시작하기 전에 본인이 염증을 일으킬 수 있는 감염성 질환이 있다면 대비해야 하지요. 안과 치료나 부인과 진료, 만성 설사 등 염증과 관계될 수 있는 질환의 치료를 먼저 끝내 두어야 합니다. 본격 항암을 시작하기 전에 폐렴이나 대상포진, 독감 등 예방주사들도 미리 맞아 두어 감염을 예방하는 것이 좋습니다. 감기에 걸리지 않도록 단단히 조심하는 것도 필요하고요. 항암 전에 꼭 미리 치과 검진을 받고 스케일링하는 것도 필요합니다. 항암제로 인하여 심한 구내염이나 치주염을 겪는 분들도 많은데 입안의 고통은 음식을 먹는데 많은 지장을 주기 때문에 미리 구강 유산균이나 비타민 B12 주사 등으로 예방하는 것도 좋습니다.

환자의 염증 수준은 혈액검사에서 알 수 있는데 CRP(염증반응 단백)으로 정상범위 내에 있으면 염증이 없는 것이고 심하면 10배~20배까지 증가하기도 합니다. 갑자기 심하게 오르면 감염이 심해진 것으로 보고 즉시 큰 병원으로 달려가야 할 상황이 되기도 하므로 늘 눈여겨볼 염증 지표입니다.

(4) 항암 일주일 전 몸만들기

① 항암 일주일 전: 장을 관리하자

항암제는 장의 점막을 자극하고 손상을 입혀서 설사 등이 생기기 쉽게 만듭니다. 항암제뿐 아니라 부작용 치료제나 호중구 주사 등은 장의 움직임을 둔화시켜 작용하여 변비를 일으키는 경우가 많습니다. 심할 때는 변비와 설사가 교차로 일어나는 상황이 되므로 미리미리 장 건강을 체크해 둡니다.

무엇보다 진단 후부터 항암 전까지 배변 습관을 잘 확립해 두는 것이 중요합니다. 항암 전날 장내가 가득 찬 상태에서 항암 후 변비가 생기면 배변에 무진 고생하게 됩니다. 그러므로 기존에 변비가 있는 사람은 항암제를 맞기 전날 장을 비우는 것이 좋고 심하면 하제를 쓰는 것도 권장됩니다.

② 항암 전날: 물을 충분히 마시자

항암제가 전신에 퍼질 때 체내의 수분에 희석되어 빠져나가게 됩니다. 그러므로 약이 오래 체내에 머물러 전신에 부작용을 끼치는 것을 막기 위해서는 수분이 포화한 몸 상태를 만드는 것이 중요합니다. 하루에 2L 정도의 물을 마시도록 합니다.

③ 항암 당일: 공복 상태로 항암제 맞자

정상세포는 영양분이 부족해지는 공복시에는 활성이 저하되지만, 암세포는 음식을 먹는 유무에 상관없이 계속 분열하며 맹렬히 증식합니다. 그러므로 배고픈 상태에서 맞은 항암제들이 분열중인 암세포를 더 효과적으로 타격할 가능성이 커져 약효도 높아집니다.

또한 공복 상태에서 정상세포는 산화스트레스에 대한 저항력이 높아지고 해독 능력이 증강되므로 항암제로 인한 부작용도 적게 느끼게 만든다는 보고가 있습니다. 그러므로 항암제 투여 당일에는 공복 상태로 물만 마시는 것도 권유합니다.

항암 전 사소한지만 사소하지 않은 마음 준비 팁 두 가지, 눈썹 문신과 사진

항암 시작 전에 눈썹 문신을 해두길 잘했다고, 정서적으로 큰 위로가 되었다는 분들이 많습니다. 항암제는 머리카락이 빠지는 부작용을 만들뿐 아니라 눈썹, 코털, 귀털 등 전신의 모낭세포에 데미지를 주어 소소한 불편을 야기하게 됩니다.

그중에서 눈썹은 아무래도 미용과 관계되어 암환자들이 거울을 볼 때마다 속상하고 또 외출 시에도 다른 이들의 시선에 스트레스를 많이 받게 된다고 하십니다. 그러니 항암 시작 전 시일이 넉넉하다면 해두는 것도 정신 치료상 나쁘지 않습니다. 그러나 치료가 임박해서 하는 것은 항암제로 인한 부작용들을 고려할 때 조심해야 합니다.

또한 항암이 진행되면서 머리카락이 빠지는 등 외모의 변화가 심하기 때문에 사진이 필요할 경우를 예상하여 여권용 사진 등도 찍어두는 것이 좋습니다. 시간이 날 때 미리 준비하여 두면 여권 발급 기한이 되었다거나 갑자기 사진을 제출해야 하는 일 등에 요긴하게 쓰입니다. 건강한 모습의 사진을 사용해서 마음이 좋았다는 분들도 많으셔요.

(5) 항암용 물품 준비

항암 코스에 따라 매주 또는 3주에 한 번씩 입원 항암을 하는 경우도 있고, 데이베드에서 당일 항암으로 하는 경우도 있습니다. 주사 투입시간이 길고 자주 가야 하므로 어느 경우건 필요한 물품들을 미리 가방 하나에 챙겨두고 항암을 시작하는 것이 좋습니다.

항암 가방 체크리스트

☐ 빨대 컵	☐ 아이스팩
☐ 텀블러	☐ 압박붕대
☐ 슬리퍼	☐ 칫솔
☐ 핸드폰 충전기	☐ 치약
☐ 수건	☐ 로션

항암 가방에는 항암 데이때 사용할 차가운 물을 마시기 위한 빨대 컵, 텀블러, 슬리퍼, 핸드폰 충전기, 수건, 아이스팩, 압박붕대 등을 미리 챙겨둡시다. 항암 후에 사용할 칫솔이나 치약, 로션 등도 자극성이 없는 부드러운 것으로 미리 준비해 둡니다.

자, 이제 항암 전 준비가 다 되었습니다. 항암의 가시밭길은 만만치 않습니다. 많이 힘들 것입니다. 이 시기만큼 몸이 편안할 때가 다시 오려면 오래 기다려야 할 것입니다. 그러니 중요한 것은 스트레스받지 말고, 근심하지 말고 사랑하는 가족들과 몸과 마음의 근력을 키우는 것입니다. 미리 드시고 싶은 것 많이 드시고 든든하게 항암 여정에 오르시기를 바랍니다.

2. 항암요법(선행항암, 예방항암)

항암 로드맵: 주치의 진료 시 물어볼 질문들

상급병원을 예약하고 내방하면 필요한 검사들을 하고 주치의를 만나게 됩니다. 진단검사 결과 암종의 모양과 위치, 타입이 나왔고 크기로 보아 얼마나 진행되었는지 병기도 대략 나왔으니 주치의 선생님께서 그 결과를 놓고 치료제와 과정을 결정하실 것입니다.

말하자면 치료의 방향을 결정할 지도가 만들어진 것입니다. 선행항암 요법을 할지 말지, 바로 수술을 할지, 방사선 치료를 할 것인지 아닌지 등 치료 일정을 잡는 것을 항암 로드맵이라고 합니다. 이 과정이 빠를수록 좋으니 서두르셔야 합니다(가능하면 큰 병원의 유명 선생님을 찾는 것도 좋지만 너무 미뤄지기보다는 빨리 진행될 수 있는 병원에서 하는 것이 좋습니다).

그런데 그 길을 걸어가는 것은 결국 환우입니다. 어떤 타입의 암이건 암은 암이고, 암의 기세를 꺾는 항암제는 독합니다. 환자의 체력으로 항암제를 이기지 못하면 항암제가 암세포를 이길 수 없습니다. 항암제가 체내에서 잘 싸울 수 있도록 본인이 최대한 컨디션을 조절하고 견뎌내야 합니다.

첫 진료 시에는 다음 사항을 꼭 받아 적으시기를 바랍니다. 하나하나 다 말씀해 주시는데 정신이 없어서 환자나 보호자가 기억을 못 하는 경우가 많이 있습니다. 대부분의 환자는 담당의가 항암 과정을 설명할 때 익숙하지 않은 용어에 멍한 상태로 듣다가 진료실을 나오는 경우가 많습니다. 물론 나중에 진료 차트를 복사하여 일일이 공부할 수도 있지만, 항암 지도를 명확하게 이해하고 준비할 수 있도록 다음 사항들은 미리 적어 가서 질문하시기를 바랍니다.

질문에 대해 들은 대답도 적어오시기를 바랍니다. 잘 이해하지 못하는 부분이 있더라도 차후에 적어둔 것을 바탕으로 다시 물어보거나 공부하면 됩니다.

주치의 진료 시 물어볼 질문들 체크리스트

☐ 유방암 타입(호르몬 양성, HER2, 삼음)과 기수(1,2,3,4 등) 확인

☐ 전체 치료 과정(선항-수술-방사-예방항암 등 이후 치료 과정까지 예상)

☐ 선행항암을 한다면 항암제 약명, 횟수와 간격, 총소요 기간

☐ 항암 후 일정

☐ 항암 시 나타날 수 있는 부작용과 대처 방법

☐ 환자에게 금기시되는 상황이나 먹지 말아야 할 음식, 비타민이나 보충제

☐ 평상시 복용 약이 있다면 어떻게 해야 하는지

☐ 응급실로 달려와야 할 상황은 무엇인지

암의 유전적 타입과 기수

선행항암의 주요 목적은 일단 공격적으로 자라고 있는 암의 예봉을 꺾고 크기를 줄여 수술이 가능하게 만드는 것입니다. 수술 범위가 너무 넓을 때 수술 범위를 줄이거나, 전절제를 부분절제할 수 있게 암 크기를 줄이는 요법입니다. 치료 기간은 대개 4~6개월 정도 걸립니다.

유방암 유전자 타입

타입	에스트로겐	프로제스테론	HER2	발생비율	치료 방향
호르몬 양성	+	+	-	40~50%	화학 항암제 항호르몬 치료
복합성	+/-	-/+	-/+	20~30%	화학 항암제 항호르몬 치료 or 표적치료제
HER2	-	-	+	15~20%	화학 항암제 표적치료제
삼음	-	-	-	10~20%	화학 항암제 PARP 저해제

기수는 어떻게 결정되나요?

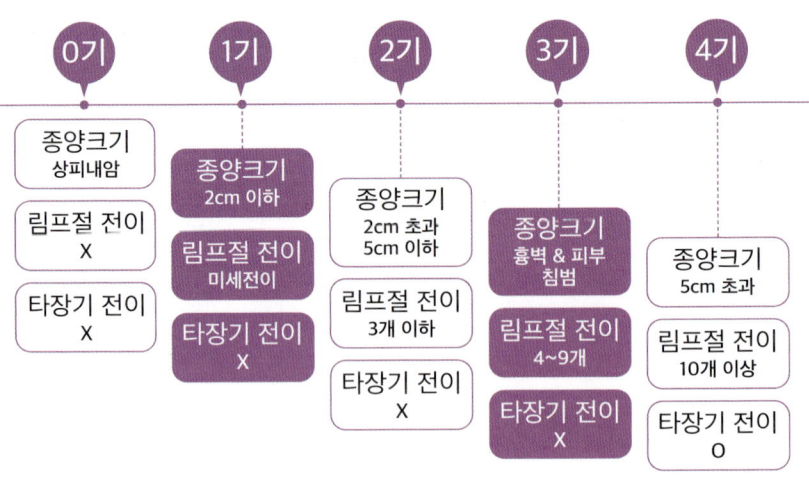

암의 기수는 종괴의 크기와 전이 정도로 판단한다.

선행항암에 쓰이는 항암제는 여러 종류가 있습니다. 유방암마다 여러 다른 아형들이 있고, 타입에 맞는 항암제가 다를 수 있습니다. 여성호르몬인 에스트로겐이나 프로제스테론의 자극에 예민하게 반응하여 성장하는 암세포 타입이 있는가(호르몬 양성) 하면, HER2 수용체가 있는 타입(HER2 양성) 또는 호르몬도 HER2도 없는 삼중음성 유방암 등 세부적으로 나누어집니다. 타입에 따라 항암제의 선택이나 항암 로드맵이 달라지니 본인의 타입을 확인하시기 바랍니다.

보통 에스트로겐이나 프로제스테론 수용체가 있으면 항호르몬 치료를, HER2 수용체가 있으면 표적치료제를 더합니다.

항암제의 부작용을 알고 준비하자

본인의 약에 자주 나타나는 부작용이 무엇인지 알아두어야 합니다. 그래야 이 증상이 항암제의 일반적인 부작용인지 아니면 데미지가 커서 응급실을 달려가야 할 상황인지 구별할 수 있습니다.

같은 약이어도 환자마다 부작용은 같지 않습니다. 어떤 사람은 가볍게 지나가고 어떤 사람은 견딜 수 없을 정도로 심하게 나타납니다. 동일한 처방에도 차수마다 느끼는 부작용도 다 다릅니다.

일반적으로 표적항암제들은 타깃으로 작용하는 암세포에만 발현되는 인자를 선택적으로 차단하기 때문에 정상세포에 대한 피해는 훨씬 적습니다. 일반 화학 항암제에서 보이는 탈모나 통증 등의 전신 부작용은 덜하지만 간혹 설사, 부종, 피부발진과 가려움, 손발톱이 벗겨지는 피부 트러블이 보고되고 있습니다. 허셉틴의 경우 간혹 심장이 두근거리거나 숨참, 조이는 느낌 등 심장독성이 나타날 수도 있습니다. 내게 어떤 부작용이 나타날 수 있는지를 미리 알고 마음의 준비를 해야 합니다.

그리고 가능하면 항암 시작 때 대처 약을 미리 처방해 달라고 의사에게 요청하시는 것도 필요합니다. 증상이 나타날 때 병원에 달려가도 되긴 하지만 갑작스러운 피부발진, 불면, 과격한 설사, 심한 변비 등은 약이 미리 준비되어 있으면 덜 고통스럽고 덜 당황스럽습니다.

부작용이 심하면 내원하여 의사가 처방해 주는 부작용 방지제들의 도움을 적극 받아야 합니다. 일부 환자들은 진통제 등 약 먹는 것을 꺼리고 약 없이 생으로 견디려고 하는데, 신체가 극심한 스트레스를 받는 상황이 지속되면 암과 싸울 체력이 먼저 고갈되는 거라 적극적으로 협진을 통해 도움을 받는 것이 좋습니다.

항암 시 응급 상황

항암제마다 다양한 부작용이 나타나는데 대개는 참고 견디면 지나가는 것들입니다. 그러나 부작용 정도가 심해 의료진의 즉각적인 개입이 필요한 상황도 있습니다.

다음의 증상이 나타나면 응급실로 가도록 합니다.
1) 감염이 의심될 때 (고열, 기침, 소변 시 통증 등)
2) 신장 기능이 떨어진 것으로 의심될 때(붓기, 등 통증 등)
3) 심장이나 폐 부작용이 의심될 때(흉통, 불규칙한 맥박, 호흡곤란, 심한 기침)
4) 뇌졸중 증후(구토를 동반하는 두통, 시력 변화, 사지 무감각, 근력 소실, 불분명한 발음)
5) 알러지 반응(호흡곤란, 목과 얼굴 부기, 어지러움)

항암제 부작용별 대처 방안

(1) 오심, 구토 및 식욕부진

환우 C씨

> 키파카(키트루다+파클리+카보) 3종 세트후 속이 심하게 울렁거리고 억지로 먹으면 구토가 나요. 음식 맛이 다 이상하고. 심지어 물에서도 이상한 냄새가 나요. 속이 미쳐 돌아가는 것 같아서 어지럽고 자리에서 일어날 수가 없어요.

쓰는 항암제마다 정도의 차이는 달라도 거의 공통으로 오심과 구토가 나타납니다. 오죽하면 오심의 늪이라고 표현할까요? **항암제로 가장 힘드신 것이 오심과 구토**일 것입니다. 많은 환자분과 상담하다 보면 거의 입덧할 때의 10배 이상이라는 말씀을 많이 합니다. 사람에 따라서 입덧도 가볍게 지나가는 사람이 있고 심각하게 영양실조가 오는 사람이 있는 것처럼 항암제도 사람에 따라 그 부작용 정도가 다릅니다. 항암 1차 때 세게 왔다가 차츰 나아지는 사람이 있고 항암 차수가 증가할수록 더 힘들어지는 사람도 있습니다.

  오심과 구토에 대한 부작용 약들도 있으니 미리 챙겨두는 것도 필요합니다. 너무 심하면 수액이나 주사로 영양을 공급하는 방법도 있는데 입원이 필요하니 그 전에 조심하고 컨디션을 조절하는 것이 좋습니다.
  오심과 구토에 대한 대응 방법은 다음과 같습니다.

① 예방이 중요합니다

한번 오심과 구토가 시작되면 점점 더 심해지고 나중에는 일어나지도 못하고 아무것도 입에 댈 수 없는 상태로까지 진행될 수 있습니다.

그래서 (입덧을 심하게 하셨던 경험이 있는 분들은 특히) 오심과 구토를 미리 예방하는 것이 더 좋습니다. 오심 방지 패치제(산쿠소패치 등)를 항암제 투여 하루 전날 미리 붙이고, 항암제 투여 시 오심 방지 주사나 약(맥페란, 에멘드, 아킨지오 등등)을 복용합니다. 주치의 선생님께 미리 처방을 부탁하시기를 바랍니다. 처방이 있어야 보험 적용이 됩니다. 한가지 항구토제가 안 들어도 다양한 항구토제들이 있으니 약을 바꿔보면서 복용할 수도 있습니다. 한번 속이 뒤집어지면 시간이 지날수록 잡기가 힘드니 예방에 초점을 두시기를 바랍니다.

② 일단 한 입이라도 드셔야 합니다

오심, 구토와 더불어 식욕이 사라집니다. 그러나 체력이 안 닿으면 항암 치료를 계속할 수 없고 치료 효과도 나빠지게 됩니다. 무조건 먹어야 하는 데 가장 중요한 것은 먹고 싶게 만드는 것입니다. 그래서 환자들이 먹고 싶은 음식이 있을 수 있게 음식 사진으로 다양한 메뉴, 음식에 관해 이야기를 해주는 것도 크게 도움이 됩니다.

'이거 맛있어 보이지 않아?' 하고 이것저것 음식 사진을 보여주거나 과거에 좋아했던 음식들과 먹었던 일들을 이야기하다 보면 '이건 괜찮겠네, 먹어볼까?' 하는 생각이 들 수 있습니다. 예전에 좋아했던 음식은 맛에 대한 기억에 의존해서라도 먹게 됩니다. 먹을수록 더 먹게 됩니다. 못 먹을수록 더 못 먹게 됩니다. 잘 먹어야 항암 약을 내 몸이 감당할 수 있습니다. 식욕을 촉진하기 위해 식욕 촉진 제약(메게이스 등)을 처방받아 드시는 것도 한 방법입니다.

이 책의 2부에 이 시기에 제가 상담했던 많은 환우가 그래도 드실 수 있었던 다양한 식사와 음료 레시피를 사진과 함께 올려드립니다. 생밤이나 오이, 참외 같은 아삭한 것들을 씹거나 토마토, 수박, 멜론 같은 물

많은 과일과 새콤한 동치미나 매실차, 싱건지, 누룽지 같은 물이 많은 음식, 물냉면이나 묵사발, 피클 등이 비교적 많은 환우가 좋아하시고 드실 수 있었습니다. 두유나 레몬 사탕, 목캔디로 사셨다는 분도 있습니다. 새콤달콤한 과일셔벗이나 얼린 과일도 식욕 촉진에 효과적입니다.

③ 식사 대용식을 활용합니다

환자들은 식욕도 없지만 구강 염증 등으로 부드러운 음식도 씹거나 삼키기 어려울 수 있습니다. 자극이 있는 음식은 물론 평소보다 더 못 먹게 됩니다. 입맛이 변조되어 모든 음식이 약처럼 쓰다는 분들도 계십니다.

일반적인 식사가 힘들 때는 암환자용으로 식사 대용식들이 다양한 맛과 구색으로 나와 있으니 대신 드시는 것도 좋습니다. 타 먹는 단백질 쉐이크도 바닐라 맛이나 초콜릿 맛 등 입맛에 맞는 것이 있으면 좋고, 음식을 전혀 못 드실 때는 본인이 마실 수 있는 것으로 하루 3팩 정도는 틈틈이 마시도록 하는 것이 좋습니다.

여러 가지 식사 대용식

④ 맛 변조로 물을 못 마실 때

항암제가 암 조직에만 작용해서 암세포를 죽이면 얼마나 이상적일까요? 그러나 항암제는 전신 조직에 다 작용할 수 있습니다. 그래서 항암제 투여 뒤에는 빨리 체내 수분에 희석되어 신체 조직을 직접 타격하지 않도록 충분한 물을 마실 필요가 있습니다. 항암제 주사를 맞기 전날부터 몸에 물을 채우라고 하는 이유입니다. 일부 환자들은 물을 잘 못 마십니다. 물 냄새만 맡아도 비리고 오심이 올라와 도저히 들어가지 않습니다. 물을 못 마시면 농축된 항암제가 혈관과 신경, 방광 등에 고여 손상을 입혀 전신에 다양한 염증이 발생합니다.

이 경우에는 두 가지 방법이 있습니다. 첫 번째는 생수 대신 맛이 강한 음료로 필요한 물을 보충하는 방법입니다. 이 책에서 가장 먼저 소개하는 레시피, 레몬 디톡스 워터의 경우 맛 변조로 물을 못 드시는 분들에게 아주 적합합니다. 물 냄새를 가리는 맛이 강한 음료들, 시판하는 오렌지나 과일 주스, 상큼한 아이스 음료 등으로 물 분량을 채우실 수도 있고, 약 성분이 있는 한방 차류는 제외하고 보리차, 유산균 음료, 누룽지, 묽은 흰죽 등도 수분을 채워주는데 적당한 음식입니다.

간이 좋지 않거나 (녹차 등 금지) 당이 높아서 주스류 등을 못 드시는 경우, 염분이 제한되어 짭짤한 국도 못 드시는 일부 환자들은 여러 브랜드의 생수를 사 와서 테스트해 보면 간혹 드실 수 있는 제품이 나오기도 합니다. 모든 생수 브랜드의 물맛이 같지 않고 염도나 산도가 다르기에 환자가 느끼는 느낌도 다릅니다. 어떤 분은 삼00가 맞고 어떤 분은 에00이 맞아서 비린 맛이 안 난다고 합니다. 맛을 느끼는 것은 사람마다 다르니 여러 종류를 사와 테스트해 보고 환자에게 맞는 물을 찾아 드시는 것도 좋은 방법입니다.

⑤ 악액질이 우려될 때

　부작용 약도 듣지 않고 식욕부진이 심해지면서 체력이 급격히 떨어질 수가 있습니다. 구토가 심해서 물도 못 넘기게 되어 탈수 증상이 생기면 악액질로 가는 경우도 왕왕 있습니다. 이런 때는 빨리 병원에서 수액을 맞거나 고용량 비타민 주사, 비경구 영양액(오마프페리쥬, 위너프페리쥬) 등으로 영양과 수분을 공급해야 하고 평소 오심과 구토를 심하게 하시는 분들은 아예 항암제 맞는 날 입원해서 페리쥬 한 병과 신경안정제 처방받아서 정맥주사 맞으면서 푹 자고 나오시는 분들도 있습니다.

(2) 구내염과 설염

환우 D씨

> 항암 2차 하고 나니 바로 설염이 왔어요. 가글액만 닿아도 소스라치게 아프고 짜거나 신맛, 매운 음식을 한 톨도 먹을 수 없어요. 이도 시리고 잇몸도 내려앉아서 식사는 커녕 가만히 있어도 아파요. 음식을 못 먹으니 더욱 쳐지고 일어날 수 없어요.

　보통 항암 2,3차 정도가 되면 구내염 또는 설염, 치주염이 오기 시작합니다. 우리 몸은 입에서 장과 항문까지 음식이 지나가는 통로에는 점막이 덮여있습니다. 항암제는 빨리 자라는 암세포를 공격하는 것인데 점막 세포들도 빨리 자라는 특징으로 인해 덩달아 폭탄을 맞는 것이라고 할 수 있습니다. 그래서 항암제 부작용으로 구내염, 설염, 후두염, 기관지염이 오는 경우가 많습니다.

　잘 먹어야 하는데, 속이 느글거려 식욕도 뚝뚝 떨어지는데, 거기에 음식이 지나가는 입과 목에 무지 아픈 구내염이 생기면 환자는 더욱 음식을 먹을 수 없습니다. 결국 악액질로 치닫는 쓰리 콤보가 됩니다. 가장 중요한 것은 예방입니다. 일단 생긴 구내염과 설염은 잘 낫지도 않고 무척 아프니 무조건 예방이 중요합니다.

구내염을 예방하는 팁 중 하나는 항암제를 주사 맞을 때 차가운 음료를 마시거나 얼음을 물고 있는 것입니다. 찬 얼음은 혈관을 수축시켜 항암제가 퍼져갈 때 되도록 덜 자극 받도록 하고 (같은 방식으로 손·발을 차갑게 압박스타킹 착용) 암 부위로만 집중적으로 갈 수 있도록 해주는 방법입니다. 얼음이나 찬 음료를 계속 물고 있으면 항암 부작용들을 힘들이지 않고 지나갈 수 있다는 체험자들이 많으니 항암제 투여 시에는 찬 얼음물이나 레몬 디톡스 워터를 준비해 가시기를 바랍니다.

두 번째 구내염 예방 방법은 입안 점막이 상처가 생기지 않게 하는 것입니다. 칫솔질은 입 안에 상처를 주지 않도록 살살하고 특별히 부드러운 모로 만든 칫솔을 사용해야 합니다. 거칠거나 단단한 음식으로도 상처가 날 수 있으니 먹는 것도 부드러운 것 중심으로 드시고 치약도 검색하면 시중에 암환우용 저자극 치약들이 많이 있습니다.

구내염을 미리 예방하고 될 수 있는 대로 가볍게 지나가도록 하는 방법의 하나는 물을 자주자주 마시는 것입니다. 항암 하면 입 안이 건조해지는데 건조한 상태는 균들이 번식하기도 좋은 상태가 되고 상처가 나기도 쉽습니다. 건조하다 싶으면 바로 물을 마시거나 가글을 합니다.

이미 생긴 구내염은 주치의가 입안을 소독하기 위해 탄툼가글액을 처방해 주니 사용하면 됩니다. 그런데 구내염이나 설염이 이미 생긴 곳에는 탄툼도 매우 따갑고 아프니, 그럴 경우는 탄툼을 생리식염수로 희석해 사용하거나 프로폴리스 가글액이나 뮤코베리어액으로 바꾸어 사용하시기를 바랍니다. 탄툼이 오심이 난다는 분들도 생리식염수나 다른 가글액은 괜찮을 수 있으므로 가글액도 여러 종류로 사용하여 환자에게 맞는 것을 찾아야 합니다. 가글을 자주 하는 것이 중요합니다. 이미 생긴 구내염이나 설염은 페리덱스 연고를 발라 관리해 주시기를 바랍니다.

(3) 설사

환우 E씨

누가 암에는 강황이 좋다고 해서 밥에 강황을 섞어 강황 밥 만들어 먹었는데 그때부터 복통에 설사가 시작되어 3kg이나 빠졌네요. 설사를 계속하고 장이 부은 건지 너무 아파요.

항암제가 몸에 들어오면 암세포를 공격하지만, 우리 몸에서 빨리 자라는 세포들도 크게 손상이 됩니다. 특히 소화관의 점막들이 그런데요. 따라서 음식물을 씹고 삼키는 것부터 소화, 흡수시키기 어렵게 될 뿐 아니라 작은 자극에도 손상이 되어 설사 증상으로 나타납니다.

입안부터 목, 소장과 대장까지 전신의 점막이 온전하지 못하니 평소에는 아무 문제가 없었던 매운 음식과 질긴 것도 점막 세포를 상처 내어 먹기도 힘들뿐 아니라 설사를 유발합니다. 또한 회나 육회처럼 익히지 않은 음식들은 다른 사람들은 아무렇지도 않은데 암환자에게는 식중독 증상을 일으키는 경우가 많습니다. 표면에 붙어 있는 작은 수의 미생물조차 약해진 장점막이 감당할 수 없는 것입니다.

그러므로 이 시기에는 다음과 같이 드시기를 권장합니다.

① <mark>익히지 않는 음식은 금지</mark>: 회나 육회는 항암 기간에는 드시면 안 됩니다. 항암 끝나고 2달 정도 지나 약 성분이 어느 정도 체외로 빠져나간 뒤에는 장 상태를 보아가며 드셔야 합니다.

② **자극이 센 음식 금지**: 식욕이 없던 중에 매운 것이 당겨 드시고는 설사를 심하게 하시는 분들이 많습니다. 매운맛은 통증이라 점막 자극이 심하다는 얘기겠지요. 매운 것 이외에도 질기고 단단하여 점막에 상처를 줄 수 있는 음식들도 피합니다.

③ 설사가 심하고 못 먹어서 백혈구 호중구 수치가 뚝뚝 떨어지면(면역력이 매우 약해졌다는 신호입니다) 샐러드나 생과일까지도 익혀 먹는 종류로 바꾸도록 해야 합니다. 여러 가지 채소도 데쳐서 먹는 것을 권장합니다.

④ 유산균이 든 요거트나 유산균제제를 꾸준히 먹어서 좋은 균들이 장점막을 점유하여 유해균들이 자리 잡지 못하게 관리해 주는 것이 좋습니다.

⑤ 탈수가 진행될 정도로 설사가 심하면 병원에 입원하여 수액을 맞고 약 처방을 받으시기를 바랍니다. 설사를 막는 약의 기전이 다양합니다. 설사의 원인에 따라 장이 너무 격렬히 움직여 생기는 설사는 위장관이 천천히 움직이게 하는 모타리톤, 트리메부틴, 가스모틴 등의 위장관 운동억제제가 있고, 유산균처럼 장을 좋은 균으로 채워주는 젬비오 같은 정장제도 있고, 또 포카겔리나 로프민 같은 지사제 처방이 있습니다. 어떤 약이 좋을지는 환자의 상태와 상황에 따라 처방해 주실 것이니 설사가 지속된다 싶으면 주치의의 진료를 받아야 합니다.

(4) 변비와 복부 가스 팽만, 소화불량

환우 F씨

항암제 맞고 오면 다음 날부터 바로 변비가 심해져요. 장에 가스가 꽉 차고 전혀 안 움직이는 기분. 트림해서 빠지면 금세 차고 만삭 배 같아요. 먹기도 힘들고 눕는 것도 앉아 있는 것도 숨쉬기도 다 힘들어요. 진짜 이거 빼면 나머지는 살 것 같은데...

설사만큼이나 자주 호소하는 부작용이 변비입니다. 항암제의 직접적 부작용일 수도 있고 항암제 부작용을 다스리기 위한 여러 약들(오심 방지제, 지사제, 또는 혈소판제제 등)의 부작용으로 심한 변비와 부종이 오는 경우도 많습니다. 변비가 무섭다고 오심약을 안 드실 수도 없습니다. 오심이 더 못 견딜 증상이기 때문입니다.

문제는 장이 움직이지 않아 변비뿐 아니라 가스가 빠져나가지 못하고 부종까지 있어서 온몸이 빵빵해지는 기분 나쁜 상황이 환자를 괴롭힙니다. 장이 움직이면서 변비가 해결되면 가스도 빠져나가게 됩니다. 휴약기 일주일쯤 지나면 좀 나아지는데 그 사이가 아주 괴롭습니다.

항암 하기 전에 준비 단계에서 유산균을 먹거나 섬유질이 많은 음식을 먹는 방식으로 장 건강을 미리 챙겨두어야 합니다. 그러나 막상 항암제 부작용에 따른 심한 변비와 잇따르는 소화불량이 시작될 때 변비를 해결하기 위한 팁은 다음과 같습니다.

① **딥푸룬주스**(일반 푸룬주스 아닙니다. 푸룬주스로는 해결이 안 됩니다)와 **특정 유산균 음료들**, 노자임과 같은 처방 소화제, 마그밀, 듀라셀 같은 변비치료제들이 있습니다.

② <mark>운동이 크게 도움이 됩니다.</mark> 규칙적으로 걷거나 산책하면 장이 강제로 출렁거려지면서 변비가 완화됩니다.

③ <mark>배를 따뜻하게 하고 장 마사지하는 것도 도움이 됩니다.</mark> 전문가의 장기 도수까지는 아니어도 보호자들이 배를 주물러주거나 식사 후 중간중간 특히 잠들기 전에 등을 두드려주면 가스팽만도 빠지고 소화도 쉬워집니다. 소화가 안 되고 가스 찬다고 뜸을 뜨거나 쑥찜팩 등으로 온열 마사지하는 것은 매우 조심해야 합니다. 항암제의 부작용 중 피부 감각이 변하는 것이 있어 배에 뜸이나 온열 찜질하다가 뜨거운 것을 느끼지 못하여 화상까지 입는 경우가 종종 발생합니다.

(5) 붓고 가렵거나 열감

환우 G씨

파크리탁셀 1회차인데 다음날부터 바로 얼굴이 완전히 빨개지고 뜨거워요. 체온은 재어보면 36.5도로 정상인데 얼굴 열감이 심하고 눈까지 부어요.

항암제 중에서 환자들이 유난히 얼굴이나 눈, 손바닥이나 발바닥 등 부분적으로 붓거나 강한 열감을 느끼는 경우도 많습니다. 심하면 부을 뿐 아니라 전신 가려움까지 같이 오는 경우도 있습니다. 항암제 투여 후 2~3일부터 일주일 사이에 심하게 나타나지만, 간혹 바로 열감이 시작하거나 3~4주 지난 뒤에 나타나기도 하고 대개 시간이 지나면 사라집니다.

 눈이 붓거나 하면 무척 걱정되긴 하는데, 항암제에 의한 일종의 알러지 반응이라 견딜 수밖에 없습니다. 먼저 얼음찜질, 찬물에 세수하기, 식염수에 적신 웻드레싱 등을 시도해 보고 약국에서 파는 토피솔크림이나 비판텐 연고, 클리리틴 로션, 유황 크림 등 진정 효과가 있는 일반 의약품 연고류를 발라 본인에게 적합한 것을 시도해 보실 수 있습니다. 상처 회복이나 진정 효과를 가진 허브 추출물을 발라볼 수도 있습니다.

병풀은 오래전부터 민간요법과 미용 관리용으로 사용된 허브 식물로 호랑이가 몸을 비벼 치료한다고 해서 호랑이 풀이라고도 불리는 매우 뛰어난 효과를 가진 식물입니다. 병풀에서 추출된 마데카식산은 보습 효과와 상처 재생과 항알레르기 기능을 가진 화합물로 잘 알려져 있습니다. 구이아쥴렌(guaiawulene)은 케모마일에서 추출된 천연화합물로 가려움, 피부진정 및 염증 완화 효과가 있어 다양한 의용연고와 화장품에도 포함되어 있습니다.

만약 붓거나 가려움이 심하고 눈뿐 아니라 편도까지 붓는 경우, 병원에 전화해서 피부과 협진을 요청하거나 인근 내과에서 먹는 약을 따로 처방받는 것도 걱정을 더는 방법입니다.

여러 허브와 아로마오일이 든 수분크림의 예

(6) 말초신경염: 극도의 손발 저림, 손발 시림, 감각 이상

항암 부작용으로 발부터 허벅지까지 쭉 이어서 저리고 발바닥에 불나는 듯하고 찌릿찌릿해요. 심해지면 걸을 수가 없어요.

환우 H씨

화학 항암제의 특징적인 부작용으로 약할 때는 손끝 발끝이 저리다가 심해지면 손바닥 발바닥의 감각까지 이상해지고 특히 차수가 더해질수록 전신적인 저림이 나타날 수도 있습니다. 혈액순환이 안 되어서 그런 이유도 있지만 항암제의 독성이 말초신경에 염증을 일으켜 생기는 감각 이상이라고도 합니다. 여름에도 시리고 겨울에는 최악입니다. 저림을 넘어서 발바닥 감각이 이상해져서 침대에서 일어나다 중심 못 잡아 넘어지고 계단 내려가다 넘어질 뻔하기도 합니다.

① <mark>말초신경염은 예방이 중요</mark>

항암제를 맞기 전후 손과 발 등의 혈관을 축소해 항암제가 말초에 오래 머무르지 못하게 하는 방법이 예방에 도움이 된다고 합니다. 손에 압박 장갑(타이트한 라텍스 장갑)을, 아이스 음료나 얼음팩을 손에 쥐어 말초혈관을 수축하게 합니다. 다리에는 압박스타킹 신고 얼음팩이나 혈관을 축소해 항암제가 말초신경으로 침투하지 못하게 하는 방식입니다. 항암 전후로 물을 충분히 마시고 항암 데이 다음날은 반신욕으로 땀을 빼는 것도 권장됩니다. 전신에 퍼진 약기운이 땀과 함께 빠져나가 식욕도 나고 컨디션도 올라간다는 보고도 있습니다.

② <mark>항암제를 맞기 전후에는 압박</mark>해야 하지만 이것은 항암제 투여

30분 전에서 투여 후 30분 정도로 한정합니다. 이후는 혈행을 원활하게 하기 위해 체온을 올리는 것이 필요합니다. 추워지면 말초신경염이 더 심해지므로 언제라도 꺼낼 수 있게 보온용 수면양말과 목장갑을 준비합니다. 밤에 따뜻한 정도의 물로 족욕, 손발 찜질하는 것도 좋습니다. 그리고 마사지건, 공기압 마사지기나 지압으로 부드럽게 주물러주는 것도 좋습니다. 여기서 핵심은 따뜻하게, 부드럽게 마사지하는 것입니다.

③ <mark>진정 작용이 있는 아로마오일이나 크림으로</mark> 부드럽게 손발을 마사지하는 방법도 효과가 있습니다. 페퍼민트 오일이나 프랑켄센스, 라벤더, 레몬 오일 등을 핸드크림에 한 방울 떨어트려 섞은 뒤 손발에 부드럽게 펴 발라주거나 족욕 시 오일 에센스를 첨가하여 혈행을 좋게 만드는 것도 도움 되었다는 분들이 많습니다. 그러나 심하게 시리고 저릴 때에는 병원에서 리리카같은 진통제를 처방받아 사용합니다.

④ 음식으로는 낫토나 청국장에 많은 <mark>비타민 K2가</mark> 말초신경의 항상성을 유지하는 데 도움을 줍니다. 몸을 따뜻하게 하는 생강을 사용한 생강 라떼나 레몬 생강차도 좋습니다.

⑤ 항암이 끝나도 시림과 저림 증상은 금방 사라지지 않습니다. 상처받은 신경들이 회복될 때까지 오래 증상이 남아있는데, 시간이 약이라고 어느 날 서서히 감각이 정상적으로 돌아온 것을 느끼게 됩니다.

말초신경염을 예방하는 데 도움 주는 방법들

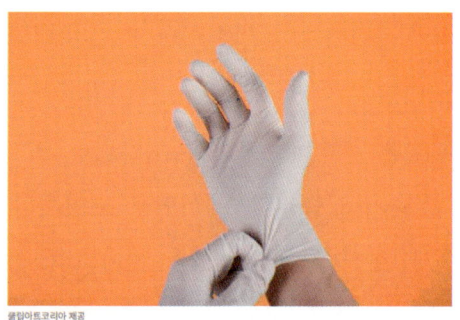

https://www.kmpnews.co.kr/news/articleView.html?idx no=55806

유방암 항암 치료에 자주 사용되는 '탁산(taxane)' 계열의 항암제는 손이나 발의 통증, 저림, 무감각증, 신체 기능장애 등으로 대표되는 말초신경병증을 유발해 환자들이 불편감을 호소하는 경우가 흔하다. 이런 부작용은 환자의 일상생활에 지장을 주고 삶의 질 저하, 증상의 유무에 따라 의료기관 이용 횟수와 의료비를 증가시킨다. 또 약물의 용량 조절과 조기 치료 중단으로 종양학적 치료 결과에 영향을 미칠 수 있다.

그러나 말초신경병증 부작용에 대한 뚜렷한 예방법이나 치료법은 아직 없다. 이에 다양한 방법들을 시도하고 있다. 한랭요법(cryotherapy: frozen glove)은 흔하게 사용되는 예방법 중 하나다. 다만

한랭요법은 준비 과정이 필요하고 환자가 불편감을 호소하며, 긴 시간이 소요될 경우 교체해 줘야 한다. 또 압박 치료의 경우 압박 슬리브(compression sleeve)가 주로 사용되는데 손가락을 모두 압박할 수 없는 단점이 있다.

가톨릭대 인천성모병원 유방외과 강영준 교수팀은 비교적 저렴한 비용과 병원에서 구하기 쉬운 수술용 장갑에 주목했다. 수술용 장갑은 손가락을 모두 압박할 수 있고, 특히 실제 임상에서 적용이 용이하다는 장점이 있다.

강영준 교수는 이번 연구와 관련해 최근 국제 암 학술지 'BMC Cancer'에 '수술용 장갑을 활용한 유방암 환자의 항암 치료 후 발행하는 말초신경병증 예방을 위한 제언'을 주제로 게재했다.

붙이는 핫팩(12시간 지속)이나 전자레인지에 돌리는 황토팩도 보온에는 좋지만, 보통 환우들의 손발 감각이 정상적이지 않아서 이상고온을 인지하지 못하는 경우 화상을 입을 수도 있으므로 매우 조심해야 합니다. 침을 맞거나 부항을 뜨거나 하는 것은 의사 선생님들께서 정말 싫어하는 민간요법인데, 이는 감염 우려가 있고 환자의 면역력이 약한 상태에서 이런 시술로 인해 심하면 패혈증으로 병원에 실려 간 사례들 때문인 듯합니다.

(7) 어지러움

환우 I씨

> 항암 첫날부터 매우 어지러워요. 움직이면 빙빙 돌고 울렁울렁 땀범벅에 다릿심도 빠지고요. 세수하다가도 아득하게 실신할 것 같은 느낌에 주저앉았어요.

항암제에 따라서 심장 부작용이 있는 약들이 있습니다. 심장이 마치 가슴 밖으로 튀어나올 것처럼 뛴다고 호소하는 분들도 계시고 혈압이 심하게 요동치거나 맥박이 불규칙하고 그 결과 어지러워 심하면 실신하는 경우도 있습니다. 항암제가 전신의 신경망과 순환을 방해하다 보니 일어나는 일입니다. 갑자기 넘어지면서 크게 머리를 다치는 경우도 있기 때문에 이런 전조 느낌이 나면 무조건 주저앉거나 누워서 안정을 취하고 기다리면 대개 진정됩니다. 물을 넉넉히 마셔주고 심박과 혈압을 재어보시고 계속 요동치면 병원에 문의해야 하며, 주치의 선생님이 상황을 보시고 심장초음파를 찍고 조처를 하실 겁니다.

(8) 호중구 감소와 폐렴 등 감염질환

환우 J씨

> 사람 많은 곳에 가기가 두려워요. 걸핏하면 감기에 걸려 기침하느라 목과 배가 아파요.

호중구는 우리 몸의 면역을 담당하는 혈액세포 중 하나인데 빨리 분열하기 때문에 항암제 독성에 가장 취약하여 항암 차수마다 숫자가 줄어드는 모습을 보입니다. 정상인들은 평소 혈액 1ml당 2500~6000개

정도의 호중구 수치를 보이지만 항암으로 인해 이 수치가 낮아지는데 1500개 이하로 떨어지면 호중구 감소증이라고 합니다.

  보통 항암제가 투여된 지 3~5일 정도부터 호중구가 감소하기 시작하여 투약 후 7~12일째에 호중구가 가장 낮아졌다가 서서히 수치가 회복을 시작하여 다음 차수에는 다시 올라옵니다. 호중구가 1000개 이하로 떨어지면 세균과 바이러스 감염에 취약하게 되고 500개 이하면 심각한 상태로 그 위로 회복될 때까지는 잠정적으로 항암을 진행할 수가 없습니다. 그래서 항암치료 시작 전에는 매번 호중구의 수치를 재어 항암을 계속해도 되는지 판단하는데 만약 500개 이하라면 별것 아닌 감염도 위험하게 진행될 수 있어 주치의는 항암을 미루고 대신 면역력 유지를 위해 호중구 주사(뉴라스타 등)을 처방해 줍니다.

  문제는 호중구 주사 역시 뼈가 시리고 아프거나 어지럽거나 하는 부작용을 동반하여 안 그래도 힘든 항암 여정을 더 힘들게 만듭니다. 항암제 후 호중구 수치를 잘 끌어올리려면 무엇보다도 ==단백질이 충분한 식사를 하고, 잠을 충분히 자고, 감염 질환에 걸리지 않게 조심하는 것== 이 필수입니다.

  암환우들은 감기도 예사 감기로 지나가지 않습니다. 따라서 이 시기에는 신체가 신생아같이 연약하다는 것을 인지하고 평소 마스크를 끼는 등 감염 질환에 조심하고 회 등 조리되지 않는 날 음식을 삼가는 등 일상생활 수칙을 잘 지키셔야 합니다. 암환우의 가족들도 사람들이 많은 곳은 삼가고 감기 증상이 있는 지인들의 방문은 자제해달라고 알려주어야 합니다.

(9) 기타 부작용

- 여름인데도 으슬으슬 춥고 밤에는 핫팩이 없으면 춥고 저려서 잠을 못 자요.
- 여기저기 얼굴에 뾰루지가 크게 나서 가라앉질 않네요. 아주 심란해요.
- 머리카락도 다 빠진 머리에 송송 모낭염이 생겨 아프고 거울 보기가 싫어요.
- 머리와 눈썹뿐 아니라 코털도 다 빠졌어요. 마치 코피 나는 거처럼 콧물이 갑자기 주르륵 흘러 민망할 때가 있어요.
- 뼈마디 마디가 다 서걱서걱하니 시리고 아파요.
- 감기도 아닌데 목이 칼칼하니 아프고 마른기침이 계속 나요.
- 갑자기 온몸에 두드러기가 나요. 이유를 알 수도 없어요.
- 잠이 안 와서 큰일이에요. 수면제 처방 받아먹었는데도 잠들었다가도 바로 깨요.
- 조금만 움직여도 숨이 차요. 경사가 약한 곳도 오르지 못하겠어요.
- 선항 끝 무렵 두통이 너무 심해서 겁이 나 선생님께 말씀드렸더니 MRI 찍었어요. 근데 미처 결과도 듣기 전에 두통이 없어지더군요.

페이스를 조절하자

전신이 항암제의 공격하에 폭탄을 맞은 듯이 제 기능을 못 하고 따라서 기분까지 한없이 나락으로 빠져들어 가는 상황입니다. 그러나 무엇이 나타날지는 사람마다 다른지라 겪어보지 않으면 알 수 없고 어떤 부작용들은 1회차부터 강하게 왔다가 서서히 줄어들기도 하지만 다른 부작용은 4회차나 5회차에 새로 시작하는 것도 있습니다. 특별한 부작용이 없는 고마운 상태여도 컨디션이 마치 배터리가 한 칸만 찬 핸드폰처럼 쉬어도 쉬어도 풀 충전이 안되는 느낌에 마음마저 우울해지실 수도 있습니다.

확실한 것은 고통의 끝이 분명히 있습니다. 영원히 지속될 것 같은 이 부작용들이 시간이 지나면서 다 사라집니다. 그래서 저는 상담하는 환우들에게 항암 여정은 마라톤이나 등산과 비슷하다고 말씀드리곤 합니다. 마라톤을 달려보신 분들은 알겠지만 초반에 오버페이스하면 절대로 완주를 못 하고 중도에 주저앉게 됩니다. 항암의 산을 오르는 것도 '단숨에 회복할 거야', '정상을 정복해야지' 하고 힘을 다해 전투적으로 싸우다 보면 방전되어 가는 컨디션에 지치고 우울해져서 점점 더 깊은 터널로 파고들어 가는 상황이 생깁니다. 초장기 전투이니 초반에 무리하지도 말고, 후반에 가라앉지도 말고 꾸준히 한 사이클씩 미션을 해치우는 것처럼 나아가시면 됩니다.

숨이 가쁠 때는 서서히 걸으면서 옆의 풀꽃도 보고 땀을 닦아주는 바람도 느끼고 느리게 한 걸음 한 걸음씩 나아가면 어느새 정상이 발아래 있습니다. 항암 여정도 어느 차수는 야트막한 언덕 같고 어떤 약은 태산준령을 헉헉거리면서 휘몰아가는 것 같아도 결국은 다 끝이 있는 하늘 아래의 산입니다. 시간이 가면서 어딘가 모퉁이를 돌고 나면 증상들이 서서히 사라지며 기력이 회복되어 갑니다. 그러므로 길을 안내하는 의사 선생님을 믿고 도와주는 가족들을 믿고, 무엇보다도 내가 완관의 자유를 얻을 수 있음을 분명히 믿고 찬찬히 한 걸음씩 나아가야 합니다. 종교가 있는 분들은 이런 점에서 무종교인 분들보다 훨씬 수월하게 항암 산을 넘으며 빨리 회복하는 것을 자주 봅니다.

PART. 2
수술·방사선·회복을 위한 식사관리

1.
수술 후 회복과 관리

2.
방사선 치료와 식사

3.
전이와 재발을 막는 일상 식사

1. 수술 후 회복과 관리

선항암으로 암세포의 거친 공격을 일단 꺾었습니다. 마지막 항암제가 몸속에서 배출되고 항암제 부작용으로부터 컨디션을 회복할 시간이 필요하기 때문에 마지막 항암제 투여 후 3~6주 정도 텀을 두고 수술 날짜

유방암 수술 방법; 용어 알기

용어	수술 범위	대상	합병증 또는 후속 치료
유방 보존술 (부절)	유방의 약 1/4정도 암이 포함된 부위를 잘라내는 법	병기가 가볍고 암 크기가 작고 한정된 경우	후속 방사선 요법 필수
전절제술 (전절)	유방 전체절제	- 방사선 치료를 못 하는 임산부 - 미세석회화가 널리 퍼졌거나 광범위한 점막 유방암 - 부분절제 후 절제 면에서 양성이 나온 환자 - 과거 유방 방사선 치료를 받은 환자 - 루푸스나 피부경화증 환자 - 5cm 이상의 큰 병변	환자의 선택에 따라 유방재건술
감시 림프구 생검	암세포와 가까운 림프 몇 개만 떼어 조직 검사	림프절로 전이가 되었는지를 확인하는 샘플링 수술	조직검사
액와림프절 곽청술	액와부 림프절 전체절제	감시림프절 생검 후 전이가 확인되었을 때 전체 액와림프 절제하는 예방적 수술	림프순환이 막혀 생기는 부종, 혈전증, 액와부 근육 소실에 의한 운동장애 및 감각 상실

가 잡히고 이제 집도하는 교수님의 지휘하에 암 본진을 제거할 수술을 단행하게 됩니다.

　유방암 환자에게 항암제 치료와 방사선 치료, 수술 중 가장 쉬운 단계는 무엇이었는지 물어보면 대개 수술이라고 이야기합니다. 수술대에서 눈 감았다가 뜨면 내 몸에서 흉악한 암 덩어리가 떨어져 나갔고 드디어 끝이 보입니다. 항암 과정의 큰 산을 넘었으니 너무도 맘이 시원합니다. 수술 후 아픔은 진통제로 견딜만한 정도이고 2~3일 정도면 아쉬운 대로 몸을 추슬러 보호자 없이도 밥도 먹고 걸어 다닐 수 있게 됩니다. 부분절제인지 전절제인지에 따라, 또 추가 임파선 제거 수술이 있거나 유방복원 여부에 따라 다르지만 짧으면 2~3일, 길어도 7~10일이면 퇴원하게 됩니다.

　수술 후에 컨디션이 돌아오기까지 한 달 정도 동안, 한시라도 더 빨리 정상의 상태로 돌아가기 위해 환자들이 알아야 할 팁들을 이 장에서는 다루어 보겠습니다.

무통 주사

유방절제 수술은 전절제와 부분절제가 있는데 암 조직의 병기와 분포 양상에 따라 주치의가 수술 방법을 결정합니다. 의사 선생님께서 결정해 주실 것입니다. 수술하면서 동시에 유방 재건 수술하는 경우도 있고 회복 후에 따로 복원 수술을 하기도 합니다. 중요한 것은 수술 후 잘 회복해야 하는데, 양질의 단백질이 충분한 식사를 계속해야 합니다. 그런데 일부 환자들은 수술 직후에 항암제를 맞을 때보다 더 심하게 오심과 울렁거림이 올 때가 있습니다.

저도 경험해 보니 울렁거림과 오심이 워낙 괴로워 며칠간 음식을 못 먹었습니다. 그래서 오심보다는 차라리 수술 부위가 아픈 것이 낫다 싶어서 무통 주사(펜타닐)를 빼고 일반 진통제로 버틴 적이 있습니다. 모든 환자가 다 무통 주사에 대한 예민함이 있는 것은 아니니 이전에 무통 주사 부작용을 경험해 보신 분들은 사전에 의료진에게 이 사실을 알려 드리는 것이 좋습니다.

수술 상처 및 배액관 관리

환우 K씨

회복실에서 깨어났는데 정신없이 어지럽고 선항때보다 더 오심이 나고 구토증이 올라오는 거예요. 종일 음식도 못 먹고 고생했는데 나중에 보니 무통 주사가 저와 안 맞았다네요. 무통주사에 유난히 예민한 경우가 저였어요.

수술로 유방에서 암 조직을 떼어내면 빈 공간이 생깁니다. 여기에 조직액이나 피가 고여 상처가 아물지 않고 심하면 감염이 생길 수도 있어서 수술장에서 나올 때 두 가지 처치를 해줍니다. 먼저 서지 브라를 채워 수술 상처를 압박하여 피나 조직액이 찰 공간을 없애줍니다. 수술 후 출혈이 있어도 대부분은 압박으로 지혈됩니다. 그리고 압박만으로는 고이는 체액을 완전히 막을 수는 없으니 배액관을 꽂아 외부로 빼주는 통로를 만들어 줍니다. 특별한 문제가 없으면 부절은 수술 후 2~3일, 전절은 7일 정도에 퇴원하고 약 10~14일 정도 지나 외래에서 수술실을 제거하게 됩니다.

후유증 없이 잘 낫기 위해서는 다음이 중요합니다.

(1) 병원에서 수술 직후에 채워주는 압박 브라는 갑갑하더라도 퇴원 후에도 계속 차고 생활하는 습관이 들어야 합니다. 압박 브라가 수술 부위를 눌러주어 상처 부위에서 나오는 조직액이 흡수되게 만드는 역할을 합니다. 답답하고 잠자는데 방해가 된다고 일찍 풀면 퇴원 후에 수술 부위에서 붓거나 물이 차는 경우가 종종 있습니다. 수술 상처가 깊을수록 물이 찰 가능성이 커집니다.

(2) 입원 중에는 의료진이 물이 차지 않는지 주기적으로 체크해 주시고 물을 빼주는 처치를 해주지만, 퇴원 후에는 환자가 스스로 물이 차지 않도록 생활 습관을 잘 들이는 것이 필요합니다. 상처가 다 나은 것 같아도 꽤 오랫동안 물이 찰 수 있으므로 될 수 있는 한 압박 브라 착용을 오래 유지하는 것이 좋고 시간이 지나면 압박 브라 대신 스포츠 브라나 와이어가 없는 브라로 교체하여도 됩니다.

퇴원 후 마사지 케어

환우 L씨

> 퇴원한 뒤에도 수술 부위뿐 아니라 팔, 겨드랑이에 에는 것 같은 통증과 저림이 있어요. 어떤 때는 수술 경계라인이 쑤시기도 하고 조이기도 하고요. 수술이 잘못된 것은 아닌지, 전이된 것은 아닌지 걱정이 되어요.

수술 후 5~6일이 지나면 겨드랑이 바깥쪽, 팔뚝 살에 이유도 없이 에는 것 같은 통증과 조임이 나타납니다. 수술 부위 경계라인이 쑤시기도 하고 저리기도 합니다. 사람에 따라서는 좀 오래 가기도 하는 증상인데 이것은 수술 후 당연히 나타나야 하는 신경의 회복 증상입니다. 신경 감각이 돌아오면서 느껴지는 아픔과 저림, 조이는 느낌으로 이럴 때는 팔뚝을 살살 주물러 풀어주면 빠르게 정상 감각을 찾을 수 있습니다. 더마 연고나 마사지크림 등을 바르고 팔목부터 겨드랑이까지 피부를 살살 주물러주되 혼자서는 힘들 수 있으니, 주위의 도움을 받는 것이 좋습니다.

수술 후 수술 부위가 딱딱해지는 구축의 가능성도 발생합니다. 그럴 때도 마사지가 중요합니다. 보호자가 마사지를 해주거나 괄사 등의 마사지 도구들을 이용하여 수술 부위를 살살 풀어주는 것이 좋습니다.

유방암 수술 직후 운동, 상지 기능 회복 속도 높여

메디컴 기자 news@mdon.co.kr | 등록 2024.07.01 14:19:46

- 상지 기능 제약, 유방암 수술 대표적 부작용
- 최소 1개월간 운동 지속 시 어깨 가동범위·근력 개선 효과 확인

연구팀은 운동군과 대조군의 팔 기능 회복 정도를 1개월과 6개월로 나눠 비교 평가했다. 그 결과, <u>1개월 차에서 운동군의 67.9%가 수술 전 95% 수준으로 어깨 근력을 회복한 것을 확인</u>했다. 반면, 운동 지도를 받지 않은 대조군에서는 3.6%에 그쳤다. 6개월 차에서도 결과는 같았다. 수술 전 95% 정상 수준으로 어깨 근력을 회복한 경우가 운동군에서는 85.7%였지만, 대조군에서는 17.9%였다.

eMD Medical News, "유방암 수술 직후 운동, 상지 기능 회복 속도 높여", 2024.04.11, http://mdon.co.kr/news/article.html?no=33345

재활 운동 시작

일상 복귀를 위한 유방암 수술환자 맞춤형 운동프로그램은 빠를수록 좋습니다. 특별한 문제가 없다면 수술 후 1~3일 후부터는 병실에서 머리 빗기나 양손 잡아 기지개펴기, 팔 돌리기, 등 뒤로 손 올리기, 추 흔들기 등 팔의 가동 범위를 테스트해 보는 것이 좋습니다. 이 시기 운동을 시작하지 않으면 팔과 어깨 근육이 수축하여 고정되고 림프순환이 안되어 붓기 시작합니다.

퇴원한 뒤로는 서서히 근력운동과 스트레칭 강도를 늘려가야 합니다. 이 경우 어깨의 가동 범위와 근력 상황에 따라 맞춤 운동으로 진행해야 하므로 절대 무리하면 안 됩니다. 도수치료사나 운동전문가의 도움을 받거나 수술 시 입원해 있는 기간 병원에서 해주는 운동 교육을 꼭 받으시기를 바랍니다.

연구에 의하면 수술 후 운동을 한 그룹은 68%가 수술 전 근력과 기능으로 빠르게 회복했지만 운동을 하지 않은 사람들은 대부분 회복 속도가 느리게 진행된다고 합니다. 최근에는 공신력 있는 대형 병원에서도 유튜브 등을 통해 유방암 환자의 운동프로그램을 촬영, 방송하고 있으니 조심스럽게 따라 해 보는 것도 방법입니다.

림프부종의 예방과 치료

환우 M씨

> 수술한 지 2년이 지났는데 팔 근육 운동을 했더니 부종이 왔어요. 팔에 힘주는 동작이 무리가 되었나 봅니다. 이리 시간이 지났는데도 부종 위험이 있을 줄은 몰랐어요. 팔 쓰는 동작은 앞으로도 무조건 빼야 하나 봅니다.

유방암 수술 시 림프절에 전이가 발견되면 겨드랑이의 림프절까지 광범위하게 절제하는 경우가 많습니다. 림프는 모세혈관에서 빠져나온 조직액이 모여서 흐르는 관으로 림프절이 없어지면 조직액의 흐름이 원활하지 못하게 되고 빠져나가지 못한 조직액이 쌓여 붓고 막히는 림프부종이 생길 가능성이 있습니다.

림프부종은 유방암 환자의 약 20~30%가량에서 발생하는 후유증입니다. 주로 손과 팔, 겨드랑이의 조직액이 림프를 통해 수송되지 못하고 조직에 남아 붓는 모습을 보입니다. 특히 손과 팔을 많이 쓰거나 심하게 힘을 주어 움직이면 부종이 심해집니다.

==림프부종은 장기적인 후유증으로 오랜 시간이 지나도 악화할 수가 있기 때문에 조심하고== 발생하는 초기에 경각심을 가지고 부종 예방에 힘써야 합니다. 수술한 쪽과 수술하지 않는 쪽의 팔 둘레를 매일 비교하여 보며 림프부종이 생기는 지를 체크하는 것이 좋습니다.

==림프부종은 치료하는 것보다 예방하는 것이 중요합니다.== 한번 생기면 치료가 어려우니 악화시킬 수 있는 원인 행동을 하지 않는 것입니다. 손을 무리하게 쓰거나 팔에 상처가 난 경우에 림프부종이 쉽게 발생하며 과도한 팔운동이나 사우나, 반신욕같이 체온이 올라가는 것도 림프부종을 악화시키는 환경이므로 늘 팔을 조심스럽게 다루는 습관을 들

여야 합니다.

림프부종을 예방하는 방법은 다음과 같습니다.

① 부종이 생기기 전부터 매일 손가락을 조물조물 쥐고 펴는 동작부터 팔을 쭉쭉 펴는 동작과 살살 팔을 타고 올라가며 림프순환을 도와주는 셀프 마사지를 매일 2회 이상 꾸준히 한다.

② 손과 팔에 상처가 나는 행위를 금한다(주사, 채혈도 이쪽 팔에는 하지 않으며 침이나 부항 등 금지).

③ 수술한 쪽의 팔에 조이는 물건(반지나 팔찌, 시계 등의 장신구)을 차지 말고 혈압계도 피한다.

④ 수술한 쪽 팔로 무거운 것을 들거나 힘을 주어 무리하게 쓰지 않도록 조심한다.

⑤ 뜨거운 물에 몸을 담그지 않는다. 반신욕이나 사우나 역시 금지. 체온이 올라가면서 림프액이 모이고 순환이 어려우니 부종이 된다.

⑥ 짠 음식을 먹는 것도 부종의 한 원인이 될 수 있으므로 밤에 짠 국이나 찌개를 먹는 것을 피한다(건강할 때도 야식으로 라면을 먹으면 아침에 얼굴 부었던 경험이 있으신 분들은 쉽게 이해하실 거예요). 비만도 림프부종을 유발하는 한 원인이 되므로 체중을 조절한다.

⑦ 저녁에는 앉거나 누울 때 팔을 높게 올려주는 것도 좋다.

평소 팔을 쭉 뻗는 기지개를 자주 하고 걷기, 자전거 타기, 수영 등 가벼운 전신운동을 하는 것도 혈액순환을 도와 부종을 줄이므로 꾸준히 하는 것이 좋습니다. 림프부종이 만성화되면 주변 근막에 섬유화가 일어나 퉁퉁 붓다 못해 딱딱해지고 팔과 손을 쓰기가 어려워 다시 림프수술을 해야 하는 경우까지 있으므로 유방암 수술 후 회복 단계에서 늘 조심하는 것이 필요합니다.

매일 하는 1분 아로마 림프마사지법

림프마사지를 할 때 에센셜오일을 사용하면 유방암 수술 뒤에 림프가 고이는 것을 막고 부기를 빼는 데 도움이 됩니다. 오렌지오일과 티트리, 제라늄, 사이프러스 배합이 경험적으로 효과가 있는데 한 컵의 올리브유(코코넛오일도 좋아요)에 이 4가지 에센셜오일들을 1ml씩 넣어 잘 섞어 사용합니다.

림프가 고이는 5곳(목뒤, 양 겨드랑이, 양 사타구니)에 한 방울씩 떨어트려 부드럽게 펴 발라주세요. 그리고 심장을 향하는 쪽으로 살살 쓸어주고 톡톡톡 마사지하세요. 매일 2번씩 겨드랑이 · 갑상선 라인을 살살 톡톡톡… 하면 몸이 훨씬 가벼워지고 팔과 얼굴의 부기도 빠집니다. 그러나 오렌지오일이나 티트리, 제라늄, 사이프러스 등에 알러지를 유발하는사람도 있으므로 사전에 패뉘테스트를 하는 것이 안전합니다.

액와막 증후군: 마사지와 도수치료

액와막 증후군은 유방암 수술 후 대표적인 후유증으로 림프절을 절제할 때 발생합니다. 액와막은 띠 모양의 섬유 다발이 수술한 쪽의 상체 다양한 위치에서 발달하는 것으로 육안으로도 단단한 힘줄 같은 것이 보여 알 수 있습니다. 주로 겨드랑이, 팔꿈치와 팔 안쪽, 손목과 손가락뿐 아니라 심한 경우 가슴과 복부 부위에도 가는 밧줄 모양의 심줄이 뭉쳐진 게 보입니다.

 힘줄이 이렇게 뭉쳐지면 팔의 기동성을 제약해서 어깨높이 이상으로 팔을 들어올리기 힘들게 하고 아래로 팔을 당기고 있어 팔이 무겁고 자유롭게 움직이지 못하게 만듭니다. 액와막은 방치하면 계속 두꺼워지고 길어지므로 꾸준히 스트레칭이나 운동, 마사지, 도수치료 등으로 액와막이 생기는 대로 끊어주고 풀어주는 것이 좋습니다.

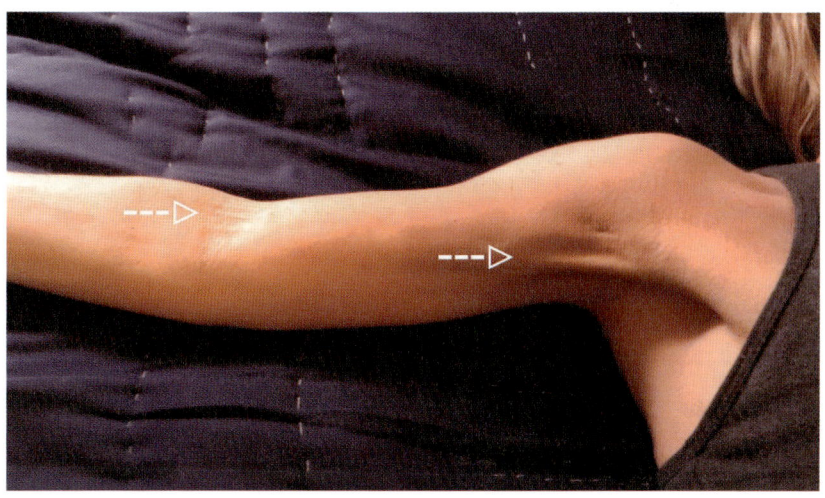

출처: The American Journal of Medicine(2017)

수면장애로 인한 허리통증, 오십견 및 기타 통증

환우 N씨

> 수술 후에 똑바로 누워서 잘 수가 없어요. 좌로 굴러 우로 굴러가 안되니 잠을 못 자네요 ㅠ.ㅠ 교수님은 운동 열심히 하라고 하셨는데 허리가 아파서 운동도 못하겠고요.

많은 수의 환자가 수술 후 허리통증 또는 어깨통증을 호소하십니다. 혹시 전이된 것은 아닌지, 다른 잘못된 것이 있는지 불안한 생각에 외래 가서 CT 찍어 봐야 하나 고민하시는 분들도 많습니다. 허리나 어깨가 아프니 운동도 어렵고 일상적인 생활도 힘이 듭니다.

이런 통증들은 수술한 부위가 눌리지 않게 똑바로 자세를 고정하여 잠잘 때 근육이 경직되어 발생합니다. 원래 잠을 잘 때 무의식적으로 뒤척이면서 이쪽저쪽으로 근육을 교대로 눌려야 굳지 않고 이완되는데 수술한 쪽으로 누울 수가 없으니 자세가 경직되고 그 결과가 허리에 무리가 가서 통증이 느껴집니다.

옆으로 누우면 좀 나으니 수술하지 않는 쪽으로 눕고 팔과 다리를 지탱해 주는 바디필로우가 있으면 잠을 자면서도 근육이 굳는 것을 방지해주어 도움이 됩니다. 어깨도 마찬가지로 오십견처럼 팔을 올릴 수 없을 정도로 아픈 경우가 있습니다. 보호자가 기립근 쪽과 허리 옆부분, 어깨 부분을 마사지 해주시는 것도 한 방법입니다.

재활 식사

퇴원 후 1달간이란 시간은 참으로 소중한 일상으로 되돌아가는 첫걸음입니다. 선항암 없이 바로 수술로 들어간 유방암 환자들은 체력이 있는 상태이기 때문에 회복이 빠르지만, 이미 선항암을 거치며 제대로 먹지 못하고 체력이 많이 약해진 환자들은 수술 후 컨디션을 회복하기가 쉽지 않습니다. 선항암에서 받은 항암제의 부작용이 완전히 클리어되지 않은 상태라서 식욕도 바닥이고 오심, 설사, 변비, 소화 부진도 여전히 불쑥불쑥 나타납니다.

항암을 하지 않은 환자라 해도 유방암 수술을 할 경우 향후 상당 시간 해당 부위의 팔과 손을 자유롭게 쓰기가 어려운 상태가 됩니다. 수술에서 회복되는 과정은 항암이나 방사선보다 용이할지 모르지만, 수술로 인한 후유증은 장기적으로 환자의 생활 습관의 변화를 요구하게 됩니다. 그러므로 보호자가 기본적인 음식 만들기, 청소, 자녀나 반려견 돌보기 등의 생활을 도와줄 수 있도록 미리 대책을 마련해 두는 것이 필요합니다. 무리하게 손을 쓰거나 요리 중에 칼질 등을 하다 보면 수술 후유증인 림프부종이 급격히 올 수 있기 때문에 손동작이 많은 요리는 삼가야 합니다. 도와줄 보호자가 없는 1인 가구의 경우 암회복기 병원 등을 이용하는 것도 고려해 볼 수 있습니다.

① **넉넉한 재건 재료**

큰 수술 후 우리 몸에서는 상처 부위가 아물고 재건하는데 많은 단백질이 필요합니다. 그러므로 질 좋은 단백질이 풍부한 음식을 먹는 것이 중요합니다.

② 부종을 악화시킬 수 있는 짠 음식의 섭취를 제한한다

맛있게 음식을 먹기 위해서는 적절히 짠맛이 들어가 있어야 하지만 염분은 물을 붙잡아 조직에 물이 고이게 함으로 부종을 악화시킵니다. 평소에 너무 짠 음식을 자주 먹는 것을 경계하는 것이 좋습니다. 특히 움직이는 낮보다는 잠자는 사이 몸이 붓기 쉬우므로 저녁 식탁에 국이나 찌개 등 염분 섭취가 많아지는 음식은 올리지 않는 것도 좋은 습관입니다.

③ 적당한 수분 섭취

우리 몸은 물을 꼭 필요로 하지만 이 물이 어디에 있느냐에 따라 부종이 되기도 하고 아니기도 합니다. 일반적으로 세포와 혈관 내에서 물을 잡아줄 단백질이 부족하면 물은 혈관을 빠져나가 세포사이, 조직에 저류되면서 부종을 일으킵니다. 따라서 신장의 배출 기능이 잘 작동한다면 물을 충분히 먹어도 되지만 신장 기능이 악화하였다면 수분 섭취량도 조절해야 합니다.

수술 뒤 여러 어려움은 특별히 어떻게 방법이 없는 것이 참 속상합니다. 팔을 잘 쓰지 못하는 것도, 허리 아픔도, 자세 고정으로 잠을 제대로 못 자는 것이나 서지 브라의 불편함 등은 꽤 오래갑니다만 시작이 있으면 끝이 있는 법! 엄청나게 길게 느껴지는 이 시간도 한 장 한 장 달력이 넘어가면서 어느새 다 끝나 있습니다.

너무도 열심히 살았기에 잠시 쉬어가는 시간이라 생각하시기를 바랍니다. 식사와 잠이 가장 중요합니다. 잘 드시고 잘 주무시면서 적절한 운동 꾸준히 하면서 버티면 이런 아픔의 시간도 어느덧 다 지나갑니다.

3. 방사선 치료와 식사

환우 O씨

방사선 자체는 항암 할 때보다 부작용이 적었어요. 근데 방사선은 차수가 쌓이니까 기력이 너무 없어지고 피로감이 심해요. 방사선은 매일매일 같은 시간에 병원에 가야 해서 체력이 달리나 봐요.

수술 후 내 몸 안에서 암 덩어리는 사라졌습니다. 그러나 수술로 암 조직을 잘라낼 때 혹시라도 보이지 않는 미세한 암세포가 주변에 남아 있을까 봐 염려되어 불을 질러 소탕하는 작전이 바로 방사선 치료입니다.

방사선 치료는 부분절제 후 일부 유방이 남아있는 환자는 기본적으로 모두 시행하며 종양의 크기가 5cm 이상 크거나 근육 침범의 우려가 있었을 경우에는 전절제여도 시행합니다. 방사선 치료는 수술 후 3주 정도가 지나 시작하며 대개 4~6주 동안 매일 시행하게 됩니다.

항암도, 수술도 힘들었지만 방사 역시 쉽게 넘어갈 리가 없습니다. 방사선 치료는 일단 매일 정해진 시간에 병원에 가서 미리 표시해 둔 부위에 방사선을 쪼입니다. 치료 자체는 간단하지만 매일 병원에 간다는 것이 힘든 일입니다. 그래서 항암은 큰 병원에서 해도 방사선은 가까운 곳으로 전원하여 받는 분들도 많으십니다.

방사선 조사 자체는 아프지 않지만 방사는 후 관리가 더 중요합니다. 기력이 없고 전신이 쑤시고 피로감 같은 전신 증상뿐 아니라 방사선이 직접 조사되는 피부조직에 일으키는 변화들이 아차 방심하거나 적절한 관리가 없으면 장기적인 후유증으로 스트레스를 줍니다.

방사선 치료 시 피부 보호를 위한 팁

방사선을 쪼이는 유방 부위가 색깔도 검게 변하고 열감으로 화끈거리고 가렵고 껍질이 벗겨지는 등 변화가 생깁니다. 방사 횟수가 증가하면서 가슴과 겨드랑이 쪽이 벗겨지고 진물도 나며 따갑기까지 합니다. 일종의 화상으로 피부괴사가 나타난 것입니다. 경우에 따라서는 너무너무 가려워서 저도 모르게 손이 갈 수도 있습니다. 각질이 일어나기도 합니다. 이럴 때 긁으면 덧나니 손대지 말고 얼음팩으로 가려움을 가라앉히는 것이 좋습니다. 피부가 얇으면 더 힘들 수도 있습니다.

방사선 괴사를 방지하기 위해서 몇 가지 팁이 있습니다. 먼저 치료받기 전 자외선 차단제를 넉넉히 발라줍니다. 방사선이 피부를 뚫고 지나가는 동안 화상을 입는 주변 피부를 보호하기 위한 것입니다. 방사 후에는 그 자리에서 바로 수분이 많은 에센스를 듬뿍 뿌려주는 것이 좋습

방사선 노출에 의한 피부 손상 시 재생에 도움이 되는 프랑킨센스

병원에서 처방하는 방사 크림도 도움이 되고 시중의 영양 크림이나 에센스들도 도움이 되지만 에센셜 오일을 많이 희석하여 발라주는 방법도 있습니다. 고대로부터 피부재생에 효과가 있다고 인정되어 많이 사용된 프랑킨센스 등을 최근에는 유럽의 암병원에서도 전래의 민간요법들을 적용하여 피부재생뿐 아니라 심리치료까지 응용한다고 하네요. 사용 시에는 핸드크림이나 바디 크림에 프랑킨센스나 오렌지, 라벤더와 같이 자극이 없고 피부재생에 좋은 에센셜오일을 한 방울 정도 떨어트려 희석한 뒤 부드럽게 펴 발라줍니다. 좋은 향기로 기분까지 좋아진다는 분들이 많습니다.

니다. 알로에 미스트 같은 것들이 효과가 있습니다. 그리고 병원에서 처방받은 방사 크림을 넉넉히 발라줍니다. 아침저녁으로 방사 크림을 얇게 잘 발라 주어야 합니다. 뜨거운 열감을 빠르게 빼는 것도 중요한데 선풍기로 시원한 바람을 쐬거나 얼음팩을 수건 등에 싸서 찜질을 해주는 것이 좋습니다. 냉팩을 바로 대면 피부 자극이 심하니 꼭 얇은 거즈 등으로 싸서 대주거나 냉감 시트를 붙여주는 것이 좋습니다. 방사 후 1달이 지나도 시시때때로 열감이 훅 올라올 수 있습니다.

방사한 쪽 유방은 끝나고도 한동안은 색깔이 까맣게 변하지만 몇 달 지나면서 껍질이 벗겨지고 원래 색으로 돌아오니 크게 걱정할 것은 없습니다. 보습에 신경 쓰고 덧나지 않게 관리하는 것이 가장 중요합니다. 심하면 피부과 진료를 협진으로 받는 것도 좋습니다. 6개월까지는 건조하지 않게 방사 크림을 꾸준히 얇게 발라주어야 합니다.

방사 후 강직

환우 P씨

> 수술 후에 방사선을 4회째 하고 있는데요, 수술 전 암이 있던 부위에서 멍울처럼 만져지는 게 있어요. 암 덩어리가 아닌가 너무 불안해요.

대개 방사선 치료는 암 수술 후에 진행하는데 이때 수술했던 부위가 딱딱해지고 때로는 멍울이 잡히기도 하고 흉터가 진해지는 것을 느낄 수 있습니다. 방사가 끝난 지 한참이 지나도 그 딱딱함은 바로 풀리지는 않고 오래 갑니다. 간간이 찌릿찌릿 아프기도 하고 욱신거리는 느낌도

들고 마치 신경들이 요동치는 것처럼 순간적으로 '아야!' 소리가 나는 경우도 종종 있습니다.

이런 변화는 수술로 인한 유방 구축과는 다른 것으로 방사선 조사로 딱딱해지는 것입니다. 딱딱함이나 색 변화, 찌릿한 느낌은 짧으면 몇 달 이상 지속되는 경우도 있지만 대개 시간이 지나면 풀리게 됩니다. 매일 매일 스트레칭해주시고 피부 보습에 신경을 써야 합니다. 방사가 끝나고 피부괴사가 사라진 다음 도수치료를 받으면 풀린다는 분도 계십니다.

음식 알레르기

항암 때도 그렇지만 방사선 치료를 받은 분 중에서는 갑작스러운 두드러기, 전신의 수포나 가려움증 같은 알러지 증상이 자주 나타납니다. 치료 전에는 자주 먹고 아무렇지도 않던 새우나 해산물 등 음식이 새롭게 알러지 반응을 일으키는 것인데, 면역기능이 교란되어 나타나는 후유증이라고 합니다. 너무 놀라지 마시고 병원에 내원하거나 가까운 피부과에 협진을 요청하여 치료받으시고 두드러기가 올라오면 그전에 먹은 음식을 잘 검토하여 무엇이 알러지를 유발했는지 알아두는 것이 되풀이되는 알러지 반응을 방지하는 길입니다.

음식뿐 아니라 햇볕이나 냉수 등의 찬물 또는 몸이 뜨거워질 때 체온 증가에 의해 작은 수포가 올라오기도 하고 사람에 따라서는 방수밴드나 테이프에 대해서도 알러지 반응이 생기기도 합니다. 피부가 매우 예민해 있어서 일상적인 자극까지 알레르기원이 될 수 있으므로 놀라지 말고 알레르기 원인을 피해주면 됩니다.

방사선 치료 시 식이요법

수술 직후에는 고단백질 고영양식으로 수술로 인한 손상을 잘 마무리하고 아무는 것이 중요합니다. 방사선 치료 시에는 여기에 더하여 방사선을 쪼이는 것에 대한 조직 후유증 즉 산화 손상을 최소화하는 식사가 도움이 됩니다.

방사선 조사로 인한 조직의 산화 손상을 방지하기 위하여 항산화 인자로 알려진 코큐텐과 양배추에 많이 든 퀘르세틴이 도움이 됩니다. 유방암 환자가 수술이나 항암, 방사선 치료 이후 지중해식 음식을 먹으면 다른 음식들보다 재발률이 떨어진다는 학계의 보고가 있습니다. 지중해식 식사는 통곡식, 올리브유와 채소, 생선을 넉넉히 먹고 소고기나 돼지고기 등 붉은 고기류를 적게 먹는 식사법을 의미합니다.

운동

방사선 치료는 피부 아래 상체의 근육세포에 상처를 주어 시간이 갈수록 점점 팔과 가슴의 근육들이 말라붙습니다. 근육이 계속 수축하기 때문에 적어도 6개월간은 꾸준히 스트레칭으로 펴는 운동을 해주어야 합니다. 또한 많은 분이 방사가 끝나면 피부염증과 방사 후유증으로 체력은 바닥인데 일상으로 돌아가지 못하고 여러 생각들이 많아지면서 우울증이 생기는 경우가 흔합니다. 우울증이 심해지면 정신과 치료를 신청하는 것도 좋은 방법입니다만, 우울증으로 넘어가기 전에 예방하는 것이 더 좋습니다.

우울감이 들 때는 움직이는 것이 가장 좋은 치료법입니다. 물이라도 한 병 들고 외부 공기를 쐬며 걷다 쉬다 하거나, 수영하거나, 필라테스, 스트레칭 등등 팔에 부담을 주지 않는 전신운동이 우울감을 없애고 우울증으로 발전하지 않게 막아줍니다. 그러므로 잡념이 들면 바로 움직이기 시작해야 합니다.

3. 전이와 재발을 막는 일상 식사

드디어 막항을 끝냈습니다. 긴 여정이었습니다. 힘들었던 기간들이 잘 지나간 것에 대해 축하드립니다. "6개월 후에 오세요." 하는 의사 선생님의 말씀을 들으면 울컥하면서도 시원하지요. 그러나 한편으로는 막막한 느낌이 들기도 합니다. 지금까지는 병원의 관리하에 단계별로 목표를 정하고 미션을 클리어하듯이 이를 악물고 항암을 해왔는데, 이제부터는 알아서 평생을 관리해야 합니다. 광야에 혼자 나와 서 있는 느낌이라고 말씀하시는 분들도 계십니다. 여기서부터는 정신력 싸움입니다. 그래서 이 책에서 길잡이가 되어드리고자 수술과 방사선 이후 일상으로 돌아가기 편을 마련했습니다.

항호르몬 요법

수술과 방사로 보이지 않는 암세포까지 제거했지만, 다시 암이 찾아오기 쉬운 체질일 경우 예방적으로 실시하는 것이 항호르몬 치료입니다. 대부분의 유방암 세포는 여성호르몬인 에스트로겐에 의해 자극을 받아 성장하고 증식하므로 수술 시 떼어낸 암세포의 유전자형을 검사하여 여성호르몬 수용체가 있는 암일 경우 체내에서 자연 분비되는 여성호르몬의 작용을 막아 전이와 재발을 방지하게 됩니다. 유방암 환자의 60~70%가 호르몬 수용체 양성 유방암이라 수술이나 방사가 끝난 뒤 항호르몬 치료를 받게 되는데, 유방암 1기나 폐경 후에 유방암이 발생한 환자들에게 재발을 막는 효과가 좋다고 보고되어 있습니다.

세 종류의 약이 있는데 환자의 유전자형과 나이, 폐경 여부에 따라서 약을 선택하게 됩니다. 가장 많이 쓰는 약이 타목시펜으로 에스트로겐과 아주 비슷하게 생긴 구조로 여성호르몬 수용체에 에스트로겐 대신 붙어서 작용을 막는 약입니다. 이 약의 후유증은 대표적인 갱년기 증상입니다. 약간의 오심과 홍조, 체온조절 부전, 부정맥, 탈모, 살이 찌는 것과 불면증, 심한 감정 기복 등 폐경기를 지나는 여성들이면 누구나 겪게 되는 증상들이 나타나는 것이지요. 의학적으로 문제가 되는 후유증은 드물지만, 자궁내막이 두꺼워지고 자궁내막암이 생긴다는 보고가 있습니다. 그래서 타목시펜을 쓰는 경우에는 혹시 자궁출혈이 있을 경

항호르몬 요법의 작용점과 부작용

분류	호르몬 수용체 조절제	난소 억제 주사제	아로마타제 억제제
종류	타목시펜	고셀렐린	아나스트로졸 레트로졸 엑스메스테인
대상	폐경 전후 여성	폐경 전 여성	폐경 후 여성
효능	에스트로겐 수용체와 결합해 유방암 세포로의 에스트로겐 작용 억제	난소 기능을 억제해 에스트로겐 수치 낮춤	폐경 후 피하지방 및 부신에서 만들어진 안드로겐이 에스트로겐으로 전환되는 것을 차단
방법	하루 1알 복용	28일 간격으로 피하주사	하루 1알 복용
부작용	안면 홍조, 식은땀, 질 분비물 증가, 피로, 불면, 우울감 등 폐경 증상	폐경 증상, 골밀도 감소, 경미한 두통, 관절통, 유방통	관절통, 얼굴 화근거림, 발한 등의 폐경 증상, 골밀도 감소
기간	5~10년	2년	5~10년

우 바로 산부인과 건강검진으로 자궁내막의 상태를 체크하라고 처방하실 것입니다.

　루푸린 졸라덱스와 같이 난소 억제 주사는 1달에 한 번 또는 3~6개월에 한 번 맞는 것으로 난소에서 아예 에스트로겐 분비를 못하게 막는 작용을 합니다.

　아로마타제 억제제는 지방 등 말초조직에서 여성호르몬을 못 만들게 하는 약으로 폐경이 된 분들에게 처방됩니다. 관절통이 가장 큰 부작용이고 콜레스테롤도 좀 올라가게 됩니다.

항호르몬 투약 시기의 식사요법

이 시기 식사는 두 가지에 주안점을 두어야 합니다.

(1) 건강 체중 유지

에스트로겐은 지방세포에서도 만들어지므로 체중이 늘게 되면 자연히 전이와 재발의 위험성이 커지게 됩니다. 그래서 입맛이 없어서 고생하던 항암 요법 때나 수술 후 회복 단계와는 달리 체중을 유지하고 관리하는 것의 중요성이 커집니다. 많은 분이 수술 후 체중이 훅훅 늘어나는 것을 경험합니다. 잘 회복하기 위해서 필요했던 음식의 양이 어느새 필요 이상으로 늘어나 있는 것입니다. 이제부터는 정상 체중 내로 체중을 유지해 주어야 합니다. 에스트로겐을 줄이기 위해 항호르몬제까지 먹고 있는데 지방이 늘어 체내 에스트로겐 분비량을 늘리면 안 되겠지요.

(2) 칼슘 효율화 식사

에스트로겐의 좋은 역할은 여성들의 뼈를 보호하는 것입니다. 뼈로 칼슘을 들여보내고 칼슘이 빠져나가지 않게 막는 순기능이 있습니다. 그런데 항호르몬제로 강제로 에스트로겐의 작용을 막으면 뼈 건강에 적신호가 켜집니다.

나의 하루 필요 열량 계산하기

1단계 체질량지수(BMI)를 이용하여 비만도 판정하기
체중(kg) ÷ 키(m)^2
정상(18.5 – 22.9), 과체중(23 – 24.9), 비만(25 이상)

2단계 나의 표준체중 구하기
남자: 키(m) x 키(m) x 22
여자: 키(m) x 키(m) x 21

3단계 나의 목표체중에 따른 체중감량 계획 결정하기
1주일에 0.5kg 감량을 위해서는 현재 체중유지를 위해 필요한 하루 섭취열량에서 500kcal를 줄이는 것이 바람직합니다.

<현재체중 유지를 위해 필요한 하루 섭취열량>
= 현재체중(kg) X 활동에 따른 단위체중당 열량(kcal/kg)

비만도	가벼운 활동	보통 활동	심한 활동
체중 과다 및 비만	20-25	30	35
정상	30	35	40
저체중	35	40	45-50

대부분의 한국 여성은 칼슘 섭취가 유난히 부족합니다. 그래서 특별히 아픈 곳이 없어도 폐경기가 되면 골밀도가 약해지고 심하면 뼈에 구멍이 숭숭 나는 상태인데, 유방암으로 항호르몬제 복용을 하게 되면 그 정도가 심해집니다. 뼈가 약해지는 이외에도 허리가 아프다, 무릎이 시리다, 특히 아침에 일어나면 손가락이나 전신 마디가 뻣뻣하다 등등 에스트로젠의 윤활 작용 부족으로 관절 통증을 호소하시는 분들이 많습니다. 항호르몬 요법을 시행하는 환자들에게 칼슘을 정말 금쪽같이 귀한 존재입니다.

그렇다면 뼈 칼슘 부자가 되려면 어떻게 해야 할까요?

① **칼슘과 양질의 단백질은 챙겨 먹는다**

일단 뼈를 만드는 재료가 있어야 뼈를 채울 수 있습니다. 그래서 칼슘과 단백질은 많이 드셔야 합니다. 그런데 칼슘은 많이 먹어도 체내로 흡수되는 양이 아주 적습니다. 사실 한국 여성 대부분이 칼슘 부족인 이유는 칼슘의 흡수율이 매우 낮기 때문입니다. 그래서 칼슘이 많이 든 음식을 먹을 때 생각해야 하는 것은 음식궁합입니다. 어떤 음식은 같이 먹으면 칼슘이 잘 흡수되고 어떤 류의 음식은 같이 먹으면 칼슘을 아주 많이 먹어도 거의 배설되어 버립니다.

일반적으로 우유나 요구르트와 같은 유제품은 칼슘이 많이 들어있을 뿐 아니라 단백질과 비타민 D도 많아서 같이 먹는 칼슘의 흡수율도 높여줍니다. 유제품 외에도 두부와 달걀, 멸치 등 뼈째 먹는 생선들과 아몬드나 헤이즐넛은 칼슘을 보충하기 좋은 식재료입니다. 칼슘을 영양보충제로 먹으면 음식으로 먹는 것보다 흡수율이 높지 않으므로 칼슘이 많고 궁합이 맞은 음식을 부지런히 챙기는 것이 중요합니다.

② 칼슘을 낭비하게 만드는 음식은 자제하자

음식 중에서는 몸속의 칼슘이 몸 밖으로 빠져나가게 만드는 음식들이 있습니다. 바로 염분이 많은 짠 음식과 탄산음료입니다. 소금이나 탄산음료 속의 인산 성분은 체내에 머무르다 칼슘을 이끌고 함께 소변으로 배설되므로 탄산음료를 많이 마실수록 부족한 체내 칼슘마저 같이 버려지게 됩니다. 또한 다량의 생채소는 수산이 많아서 칼슘과 결합하여 대변으로 빠져나가게 합니다. 그래서 칼슘의 흡수를 방해하는 생채소를 드실 때는 칼슘이 많이 든 식품은 시간 차이를 벌려두고 드실 것을 권합니다. 또 카페인이 든 커피나 녹차 등도 칼슘과 결합하여 흡수를 방해하니 함께 드시지 않는 것이 좋습니다.

③ 운동

칼슘은 많이 먹어도 핏속에만 있고 뼈로 들어가지 않으면, 소변으로 많이 소실되어 버리는 특징이 있습니다. 칼슘이 뼈로 들어가게 하는 것이 바로 에스트로겐 호르몬인데, 유방암환우들은 이 에스트로겐의 작용을 막는 약들을 먹기 때문에 오히려 뼈에서 칼슘이 녹아 나오게 됩니다. 그러니 차선으로 칼슘을 많이 먹되 뼈로 들여보내기 위해서는 물리적인 자극이 필요하고 가장 좋은 자극은 운동입니다. 맨손체조와 스트레칭, 가벼운 조깅과 가능하면 점진적인 근력운동으로 뼈에 물리적인 자극을 주면 먹은 칼슘이 원활하게 뼈로 들어가 골밀도를 높이는 데 사용됩니다.

④ 정기적인 골다공증 검사와 치료

항호르몬 요법은 호르몬 양성 수용체 환자들에게는 치료 효과가 매우 좋아 보통 2년~10년 처방을 하게 됩니다. 화학 항암제들보다는 고통이 덜하고 탈모나 심한 메스꺼움 등의 전신 부작용들이 없다는 것이 큰 장점입니다만, 이미 환자는 그간의 누적된 항암과 수술, 방사 후유증으로 심신이 지쳐있고 체내 영양 밸런스가 깨어져 있어 항호르몬 제제의 부작용이 크게 느껴질 수 있습니다. 칼슘은 워낙 부족하기 쉽기 때문에 뼈의 약화가 심하여 식사로 커버가 안 될 때는 따로 골다공증 치료를 받아야 합니다. 잘 골라서 적정하게 챙겨 먹고 잘 운동하고 주기적으로 뼈 건강을 체크하면서 5년, 10년을 버티시면 됩니다.

표적항암

유방암 양성 환자가 아닌 유방암 환자들은 유전자형에 따라 수술과 방사 후 다시 표적항암제나 면역 항암제 치료를 받는 경우가 있습니다. 표적항암제는 환자의 유전자형에 맞게 선택적으로 처방합니다. 유방암에서는 HER2 경로를 차단하는 허셉틴이나 라파티닙 등이 대표적인 표적항암제로 선행항암에 같이 투여하기도 하지만, 수술이나 방사선 과정을 마친 뒤 마지막에 예방적으로 투여하기도 합니다. HER2 유전자가 있는 경우 표적치료제는 매우 효과가 좋다고 알려져 있습니다. 호르몬 양성 환자가 호르몬 단독 치료만 받을 경우 10년 생존율은 65% 정도이지만 표적치료제로 예방항암을 추가할 경우 최근에는 생존율이 92%까지 높아졌습니다.

많은 새로운 약들이 개발되어 있으며 그 약물 중 환자에게 알맞은 것을 선택할 수 있어 점점 더 많이 기회가 열리니 임상시험에 참가하여 임상 중인 신약을 사용할 기회를 얻는 환자들도 늘어나고 있습니다. 표적항암제들은 부작용이 화학 항암제보다는 작다고는 하지만 그래도 온전히 일상생활을 할 정도로 가볍지도 않습니다. 선행항암의 부작용들을 참조하여 증상이 있으면 대응하는 팁을 찾아주어야 합니다.

다시 일상으로 돌아가다

막항이 지나고 6개월~1년쯤 되어야 어느 정도 일상생활을 할만하다고 합니다. 그래도 배터리가 반만 충전된 것 같은 뭔가 불완전한 상태로 조금만 과로해도 금방 지치게 됩니다. 내가 암환자였음을 잠시 잊을 정도까지 완전히 회복되려면 최소 2년은 지나야 합니다.

(1) 쉼과 운동, 수면

적어도 1년 동안은 많이 주무시고 쉬셔야 합니다. 3~6개월 사이에도 면역력이 회복되지 않아서 감기도 더 자주 걸리고 한번 걸릴 때마다 체중이 쑥 빠지며 심하게 앓는 것을 자주 봅니다. 운동도 절대 무리하지 말고 서서히 늘려야 합니다. 산책, 수영, 스트레칭 같은 전신 운동을 하면서 거리와 시간을 아주 조금씩 늘려가며 체력을 쌓아야 합니다.

적절한 운동을 하면 수면의 질도 높아집니다. 푹 잘 자고 쉬는 것이 가장 중요합니다. 운동은 체력을 키울 뿐 아니라 항암 과정을 끝낸 환자들에게서 재발과 전이를 방지하는 중요한 역할을 합니다. 심장박동이 느껴지고 땀이 살짝 날 정도의 운동은 유방암 재발률을 30% 이상 줄여준다고 알려져 있습니다.

(2) 마음 훈련

환우 Q씨

막항한지 2년이 넘었어요. 그래도 문득 가슴이 찌릿하거나 겨드랑이가 아프거나 등이 조이는 듯하면, 아니 간단한 피부에 물집 하나가 잡혀도 갑자기 전이나 재발이 된 게 아닐지 공포가 밀려와요.

시간이 지나도 정기검진 갈 때마다 전이나 재발이 나올까 봐 심장이 막 떨린다는 환자분들이 많습니다. 조금만 이상한 느낌이 들어도 '재발인가?' 의심하고 초조해하다 보면 가장 중요한 휴식과 쉼이 되지 않습니다. 잠을 잘 자야 하는데 걱정으로 불면증이 오기도 합니다. 불안감이 밀려오는 것은 의지로 되는 것은 아니지만 불안감을 키우고 걱정하느라 에너지를 소모하는 것은 건강에 가장 나쁜 행동입니다.

불안해하지 마시기를 바랍니다. 불안해하고 걱정하는 것은 도움이 되지 않습니다. 의사가 지시한 정기검진을 꼬박꼬박 잘 받고 불안감이 치밀어 오를 때마다 지금까지 그 어려운 항암 여정을 넘어 모든 과정을 완수한 자신을 돌이켜보고 뿌듯해하며 칭찬해 주어야 합니다. 그리고 그동안 해오신 대로 매일매일 꾸준히 회복을 향해 가는 내 자신을 믿어야 합니다.

(3) 전이와 재발을 방지하는 음식과 영양제

망망대해에 작은 쪽배처럼 병원을 떠나 세상에 돌아 나왔을 때 많은 환우분의 가장 큰 두려움은 전이와 재발입니다. '무엇을 먹으면 전이와 재발이 되는 걸까?' '무엇을 먹으면 다시는 유방암의 늪에 빠지지 않을

까?'가 가장 큰 화두입니다. 그리고 환자들의 이런 불안감을 부추기고 과장하여 상업적으로 이용하는 제품들도 너무나 많습니다. 가격도 비싼 영양제들, 건강보조식품들이 유튜브와 SNS 같은 카더라 통신을 타고 버젓이 돌아다닙니다.

이 책에서는 임상 연구로 제대로 과학적으로 증명된 도움이 되는 식품과 건강보조식품과 영양제 복용 원칙을 세웠습니다.

① 색깔 있는 음식으로 먹는다

보기 좋은 떡이 먹기도 좋다는 말이 있습니다. 한 그릇의 음식에도 여러 색을 담아서 식사하시기를 바랍니다. 식물의 색은 다양한 식물 화학물질(파이토케미컬)이라고 통칭하는 항산화 물질들이 들어있다는 표시입니다. 초록색에는 클로로필과 엽산이, 주황색이나 노랑, 연두색에는 카로티노이드들이, 분홍색이나 보라색에는 안토시아닌이, 흰색에는 플라보노이드들이 들어있습니다. 이들은 우리 몸에서 면역성을 높여주고 암의 재발과 전이를 막는다고 임상실험에서 확인된 것들입니다.

다양한 식물화학물질_파이토케미컬

파이토케미컬
- 클로로필(초록)
- 카로티노이드(주황/연두)
- 안토시아닌(분홍/보라)
- 플라보노이드(흰색)

이들 중 특히 혈액에 카로티노이드의 농도가 높으면 유방암의 재발이 낮다는 보고가 있고, 엽산은 적혈구의 기능을 도와 악성빈혈을 예방하며 엽산의 보충으로 유방암뿐 아니라 췌장암, 폐암, 식도암 등의 발생 위험도를 낮출 수 있다고 합니다. 브로콜리, 컬리플라워의 글루코시놀레이트(glucosinolate)는 1500명의 대단위 연구에서 백혈구와 사이토카인의 조율 능력이 뛰어나며 유방암에서 종양의 성장을 억제하는 항암 효과가 증명되어 있습니다. 브로콜리를 많이 먹는 사람과 적게 먹는 사람 사이에 재발률의 차이가 난다는 보고도 있습니다. 그러므로 녹황색 채소와 십자화과 채소들이 골고루 포함된 믹스 샐러드, 비빔밥, 다양한 채소를 함께 먹는 샤브샤브 등은 유방암 환자에게는 참 친절한 음식입니다.

그런데 여기서 조심할 것 한 가지가 있습니다. 브로콜리가 암의 재발을 막는다고 매일 브로콜리만 먹는다? 브로콜리 가루를 내어 환으로 먹는다? 브로콜리의 좋은 성분인 글루코시놀레이트를 추출한 건강보조제를 먹는다? 모두 옳지 않은 식사법입니다. 일단 파이토케미컬들은 여러 종류가 있고 하는 기능이 다 다르지만 모두 필요합니다. 따라서 한 가지 채소만 먹으면 도리어 다른 파이토케미컬들의 부족을 가져오기 쉽습니다. 더구나 활성 성분만 추출해서 먹는다는 것은 과유불급을 넘어 제조공정 등의 검증을 하지 못하기 때문에 도리어 건강에 해를 끼칠 수 있습니다. 그리고 음식으로 먹는 것이 건강보조제로 먹는 것보다 훨씬 흡수성이 높아서 체내에서 잘 활용이 됩니다. 그러므로 매끼 다양한 채소를 한 그릇에 올려서 예쁘게 먹는 습관이 중요합니다.

② 등푸른생선

모든 생선은 건강한 지방과 동물성 단백질 공급원이지만 특히 등푸른생선은 오메가3와 오메가6의 균형이 잘 잡혀있는 음식입니다. 여러 논문을 종합하여 분석하는 메타 연구에서 연어를 많이 먹는 그룹은 안 먹는 사람들보다 유방암 재발률이 14% 낮다고 합니다. 등푸른생선에 있는 오메가3과 더불어 셀레늄도 면역력을 끌어올려 항산화 작용과 더불어 암세포를 죽이는 역할을 한다는 결과도 있습니다.

시중에 오메가3 건기식들이 많이 나와 있고 건강효능을 생각해서 사먹는 환자들도 많은데, 약으로 먹는 오메가3의 건강효과는 음식으로 먹는 것보다 확실하지 않습니다. 실제 임상실험의 결과 이들 건기식을 먹는다고 심장병이나 암 등을 예방하지는 못한다는 결론을 보면 참치, 고등어, 청어, 정어리, 연어 등 등푸른생선을 매일 식탁에 올리는 것이 더 좋은 식습관입니다.

③ 발효식품

전통적인 발효식품인 된장이나 청국장, 김치 등과 외국의 발효식품인 미소, 치즈, 요거트 템페, 사우어크라우트 등의 발효음식에는 공통으로 유산균(락토바실러스)이 많이 들어있습니다. 발효음식은 유산균과 각종 효소와 영양소가 풍부하고 생식으로 먹을 수 있어서 산 알칼리의 균형 및 소화기 강화 효과와 면역력이 강화되는 효과가 있음이 예전부터 알려져 있지요. 한 임상 실험에서 68명에게 매일 2컵의 요거트를 3개월간 먹게 한 후 혈액을 검사하자 면역물질인 인터페론과 백혈구가 증가한 것으로 나타났습니다.

나아가 최근에는 유산균들이 직접적으로 항암 작용과 항전이 작용한다는 보고들이 많이 나오고 있습니다. 유산균의 항암 작용은 유방암보다 대장암에서 많이 연구되어 있는데 유산균들이 장내 세균총을 건강하게 만들어주고 이에 따라 다양한 암 발생 억제 효과를 나타내어 대장암의 발생을 억제한다고 합니다. 역학 연구에서 대장암과 유방암의 발생빈도는 긴밀하게 연관되어 있으며 유전자 특성이 비슷한 암종들이 많은 것을 생각할 때 유방암에도 유산균이 항암 작용을 할 것으로 생각됩니다.

유산균을 먹는 사람들은 먹지 않는 사람들에 비해 유방암 발생률이 낮아지고 재발률도 낮다는 연구 결과도 있고 유방암세포에 직접 유산균을 처리하였을 때 암세포의 증식을 억제하는 항전이능을 가지고 있고 돌연변이성 세포의 사멸(apoptosis)이 진행된다는 세포실험의 결과들을 보면 유방암 환자들은 유산균이 많이 든 발효식품을 틈틈이 먹어주는 것이 건강에 유익할 것으로 짐작됩니다.

④ 콩

콩에는 식물성 에스트로겐이라는 이소프로빈 성분이 있습니다. 오랫동안 식물성 에스트로겐이 유방암에 미치는 영향에 대하여 학계에서는 이견이 많았습니다. 항호르몬 요법을 해야 하는 유방암 환자가 식물성이라지만 여성호르몬이 많은 콩을 먹으면 안 된다는 학자도 있었고 또 실제 대두 추출물을 먹인 결과 암 발생률이 늘어나 콩이 유방암에 나쁜 것은 아닌지 의심하는 연구도 있었습니다. 그러나 콩이나 두부를 많이 먹는 사람들일수록 암 발생률도 낮고 재발로 인한 사망률도 낮았다는 인구학적 조사는 뚜렷합니다.

2009년 학계에서 권위가 큰 JAMA 논문에서 콩을 자주 섭취한 그룹이 유방암의 재발률과 사망률 모두 낮다는 결정적인 대단위 연구 결과를 발표하였습니다. 콩이 유방암 발병을 억제한다는 기전은 식물성 에스트로겐이 체내에 들어오면 난소에서 에스트로겐의 분비를 낮출 뿐 아니라(negative feed back) 이소프로빈이 체내 에스트로겐 수용체에 결합하여도 에스트로겐의 역할은 하지 않음이 밝혀져 유방암 예방 효과가 높은 식품으로 선정되었습니다. 특히 아시아인에게서 그런 경향이 두드러지는데 콩이나 두부, 된장을 많이 먹는 사람과 적게 먹는 사람의 유방암 전이율이 다르다는 연구가 있습니다.

그러나 콩 분말이나 환, 콩 추출물 건기식을 먹는 것은 부정적인 결과를 낸 연구들이 있어 자제하는 것이 좋습니다. 가공 과정상의 문제일 수도 있고 식품으로 먹을 때보다 가공 건기식을 먹게 되면 농도가 농축되어 과량을 섭취하는 결과를 가져올 수도 있기 때문입니다. 어떤 영양성분도 과량, 집중적으로 먹는 것은 피하는 것이 유익하고, 음식으로 먹을 때는 건기식으로 먹을 때와는 달리 위험한 정도의 과량을 먹을 수는 없습니다. 그러므로 콩밥, 된장, 콩 반찬과 두부 등을 자주 식탁에 올리는 방법이 유방암에 매우 유익한 식사로 학계에서는 인정하고 있습니다.

⑤ 비타민D와 칼슘

비타민D는 신체 면역력을 높이고 유방암 발생을 줄이고 재발도 줄이는 비타민입니다. 유선조직에 비타민D 수용체가 있는데 비타민이 충분하면 정상적인 세포분열을 촉진하여 돌연변이세포의 발생을 억제합니다. 그런데 우리나라 여성들의 평균 혈중 비타민D 농도가 상당히 낮은 편입니다. 햇볕을 쬐면 천연으로 합성되지만 자외선이 피부노화뿐 아니라 체내 염증반응을 일으키고 실제로 피부암의 발생을 증가시킨다는 것을 고려하면 암환자가 햇볕을 쪼이는 것은 권장할 만한 일이 못 됩니다.

천연으로 생체 내에서 합성하지 못한다면 비타민D가 많은 음식을 생각할 수 있는데 버섯 그중에서도 마른 표고버섯, 팽이버섯 등에 식물성 비타민D가 많습니다. 연어를 비롯한 등푸른생선이나 통조림에도 동물성 비타민D가 많고 계란 노른자에도 들어있습니다. 이런 식품으로도 부족할 수 있는 비타민D는 우유나 두유 등에 첨가된 강화식품을 이용하는 것도 방법이고, 따로 1000IU 정도의 비타민D를 복용하는 것도 좋습니다.

칼슘은 뼈의 구성성분이며 여성이 나이가 들수록 칼슘 농도가 낮고 운동이 부족하면 더 낮아지는 특성이 있습니다. 특히 항호르몬 요법을 하는 분들에게 칼슘은 매우 중요합니다. 전통적으로 한식은 칼슘 부족 식단이고 특히 폐경이 지났거나 타목시펜, 아로마타아제 등 항호르몬 치료를 할 때 관절과 골다공증이 발생하기 쉬우므로 적절한 칼슘의 섭취는 꼭 필요합니다. 비타민 D와 함께 먹으면 유방암의 재발률 낮춘다는 보고가 있고 특별히 유방암의 뼈 전이를 유의하게 낮춘다는 연구 결과가 있으므로 칼슘과 비타민D는 영양제로 보충하는 것이 좋습니다.

⑥ **고용량 비타민C**

1985년 메이요 클리닉에서 경구 고용량 비타민C가 암 치료에 이점이 없다는 연구발표로 당시 유행하던 비타민 신화에 찬물이 끼얹어졌습니다. 나아가 항암 화학치료를 받을 때는 항산화제인 비타민C가 세포독성으로 산화된 종양세포를 도와서 항암 약물의 효과를 줄일 가능성까지 제시되면서 한때 고용량 비타민C가 의사들에게 배척받은 일이 있었습니다.

그러나 2000년 경구제가 아니라 정맥 내 고용량 비타민C 주사로 혈액 내 비타민C를 지속해서 고농도로 유지할 경우 말기 암환자들의 치료 성과가 있음을 밝혀졌습니다. 비타민C에 대한 임상 연구가 다시 불붙었고 현재 다양한 병원 임상에서 재평가가 이루어지고 있습니다. 지금까지 밝혀진 바로는 비타민C가 암세포로 들어갈 때 생긴 과산화수소가 암세포의 괴사를 유발하고, 비타민C가 암세포 주변의 콜라겐 생성을 활발하게 만들어 세포간 결합이 치밀하게 되어 암세포가 전이되는 것을 막아준다는 세포실험도 있습니다. 나아가 항암제 내성이 생긴 환자에게 고용량 비타민 주사는 항암제의 하나인 독소루비신(doxoruvicin)에 대한 저항성을 감소시키는 등 항암제의 효과를 증가시킨다는 임상연구도 있습니다.

비타민C가 분명히 항암제는 아닙니다. 메가도즈 요법을 시행하여도 암환자의 혈중 암표지자의 수치가 요법을 시행하지 않은 환자들과 비교하여 별 통계적인 변화가 없다는 연구도 있습니다. 그러나 미국에서 약 25%의 유방암 환자들은 메가 비타민 주사 치료를 한다는 보고가 있습니다. 실제 암세포를 죽이는 데 도움이 되는지 여부는 아직 이론이 분분하지만, 분명한 것은 메가도즈 요법을 시행하였을 때 오심이나 구토가 유의적으로 줄어드는 등 환자의 컨디션이 좋아지고 삶의 질이 높아졌다는 보고가 많은 것은 사실입니다.

(4) 자제해야 할 음식들

유전자의 돌연변이는 교통사고와 같아서 단 한 번의 나쁜 만남으로도 건강한 세포를 암세포로 돌변시킬 가능성이 있기 때문에 전이나 재발률을 낮추려면 좋은 음식을 먹는 것보다 안 좋은 음식을 삼가는 것도 중요합니다. 10명의 포졸이 1명의 도둑을 막기 힘들다는 속담이 있듯이 좋은 것을 먹어서(포졸) 전이와 재발을 예방할 것인가 보다는 무엇을 먹지 말아야 전이와 재발(도둑)을 줄일 수 있는가가 핵심입니다.

① 담배와 술
담배와 술은 기본적으로 모든 암의 발생을 증가시키는 것이 확인된, 세계보건기구 산하 국제 암연구소가 공식적으로 지정한 1등급 발암물

질(카시노젠 carcinogen)입니다. 카시노젠은 세포의 유전체 DNA에 직간접적으로 손상을 가하고 그 결과 암을 유발하는 돌연변이를 초래하게 됩니다. 돌연변이가 많이 생기다 보면 우리 몸의 면역 감시를 피하여 암으로 발전하는 돌연변이가 나올 가능성이 커지므로 담배와 술은 유방암 환자들에게는 절대 금지, 상극물질들입니다.

알코올은 분해되는 과정에서 에스트로겐을 합성하기 때문에 항호르몬 치료를 하는 과정에 타목시펜과 같은 약물의 약효를 떨어트릴 수도 있습니다. 술을 제조하는 과정에 함유되는 디에틸스틸베스트롤도 발암원이기도 합니다. 그래서 담배는 말할 것도 없고 단일 식품 중에서 유방암에 가장 안 좋은 음식은 술입니다. 음주를 한 날 수와 음주량에 비례적으로 유방암 발병이 증가한다는 보고가 있을 정도이니, 항암 산을 넘은 환자들은 술은 입도 대지 않은 것이 중요합니다. 최근 시중에 무알코올맥주 등도 많이 나와 있으니 피할 수 없는 자리라면 그런 제품들을 이용해 보는 것도 방법입니다.

② 붉은 고기는 줄여 먹는다

소고기나 돼지고기 같은 적색육은 2등급 발암물질입니다. 붉은 고기를 매일 150g 이상 6개월을 먹으면 암 발생률이 높아진다는 결과가 보고되어 있습니다. 고기를 조리하는 법도 고온에서 굽거나 바비큐 할 때 암 유발 인자들이 많이 만들어지고 고기 내의 지방이 고온에서 타거나 분해될 때 나오는 벤조피렌이라는 발암원도 있습니다. 그러므로 흑갈색으로 탄 고기는 절대 드시지 마시기를 바랍니다.

붉은 고기보다 더 안 좋은 것이 고기를 가공한 햄, 베이컨, 소시지, 통조림 등입니다. 색을 위하여, 맛을 위하여 여러 화학물들이 들어가게 되는데 특히 암을 유발하는 니트로소아민이 보존제로 들어가 있어 직접적인 발암원으로 지목됩니다.

그런데 문제는 고기는 맛있다는 것입니다. 특히 튀김이나 구이는 더 맛이 있습니다. 그러니 고기를 먹지 말라고 한다면 사는 일이 너무 삭막하다는 분들도 계십니다. 심지어 너무 먹고 싶은데 가족들이 먹지 못하게 하니 스트레스를 많이 받는다는 분들도 계십니다. 그래서 저는 무조건 먹지 말라고 말씀드리지는 않습니다.

충분한 단백질 섭취도 중요합니다. 그러니 단백질이 부족할 것 같을 때 한 번씩 먹되 될 수 있는 한 찜이나 수육, 조림과 같은 삶은 조리법으로 드시는 것을 추천합니다. 다이어트 할 때 치팅 데이를 설정하듯 한 번씩 소고기나 돼지고기를 먹고 싶은 대로 먹는 날을 미리 잡아두는 것도 좋습니다. 매 끼니 소고기나 돼지고기 반찬이 없으면 도저히 밥을 못 먹겠다고 하시는 분들은 적색육을 먹는 빈도와 양을 조절하여 일주일에 한두 번, 조금씩 음미하며 드시는 건 어떨까요? 암을 발생시킬 가능성이 있는 음식을 끊을 수가 없다면 될 수 있는 한 줄여보는 노력도 필요합니다.

③ 고과당 주스 및 탄산음료

콜라, 사이다, 식혜, 주스 등에는 상당히 많은 당분이 들어있습니다. 카페에서 파는 시럽이 듬뿍 든 음료는 설탕 대신 고과당 시럽이 들어있는데 설탕이건 고과당 시럽이건 음료로 당을 드시면 빠르게 흡수되어 혈당이 급격하게 증가합니다. 혈당의 진폭이 커지면 혈당 스파이크를 유도하여 인슐린과 유사한 성장호르몬을 분비하게 만듭니다. 이 과정에 노출된 정상세포는 암세포로 변할 가능성이 있어 심지어 술보다 더 나쁘다고 말씀하시는 과학자들도 있습니다.

더하여 설탕이나 과당으로 인한 에너지 수위가 높아져 비만을 유도

하게 되고요. 지방세포에서 에스트로겐을 분비하기 때문에 유방암 환자는 적정하게 체중을 유지해야 할 필요가 있습니다. 밥도 될 수 있는 한 백미보다는 잡곡이나 현미 같은 복합탄수화물이 많은 든 것으로, 국수나 빵도 하얀 밀가루로 만든 것보다는 통밀이나 세몰리나 가루로 만든 것으로 대체하는 것이 좋습니다.

세간에는 암세포가 당을 먹고 사니 암환자는 모든 당류뿐 아니라 탄수화물을 금지해야 한다는 유사 의학도 떠돌고 있습니다. 그러나 이는 과학적으로 합당하지 않습니다. 암세포를 굶기기 위해 탄수화물 식품을 전혀 안 먹는다면 암세포가 굶기 전에 우리 몸의 건강한 세포들이 먼저 굶어 죽게 됩니다. 적정한 양의 탄수화물은 필요하되, 과식하여 비만하지 말 것과 과일과 같이 당이 많이 든 음식을 먹더라도 흡수되기 쉬운 주스나 퓨레보다는 껍질째 섬유질을 함께 먹는 방식이 유리합니다.

④ 튀긴 음식

고열에 기름이 가열되면 기름이 부서졌다가 중합되면서 아크롤레인이라는 산패취를 내는 발암원이 만들어집니다. 대개의 상업적으로 파는 튀김은 깨끗한 기름을 한번 쓰고 버리기보다는 며칠이나 같은 기름에 계속 가열하면서 여러 번 튀기기 때문에 아크로레인이 많이 만들어집니다. 그래서 암환자들에게는 튀김 음식이 삼가야 할 음식이 됩니다.

튀김기름의 아크롤레인 외에도 음식물 내 포화지방이 부서지면서 만들어지는 트랜스지방도 있습니다. 트랜스지방은 일반 지방처럼 세포막에 끼어들어 가서 비만과 고혈압, 심장질환 등을 유발하며 체내에서 쉽게 배출이 되지 않아 오래 남아있어서 위험 요인이 됩니다. 그러므로 꼭 튀김이 드시고 싶을 때는 집에서 새 기름으로 튀기고, 튀김보다는 기름을 덜 쓰는 굽는 조리 방식을 쓰는 것도 좋습니다.

(5) 식습관

무엇을 먹느냐도 중요하지만 어떻게 먹느냐도 중요합니다. 많은 분이 뭐는 암 재발과 전이를 막는다더라 뭐는 암환자에게 나쁘다더라 하도 여러 이야기를 듣다 보니 근거가 있는 건지 헷갈리고 어떤 것을 따라야 할지 어리둥절하시기도 합니다.

암 전이를 막는 것으로 판명이 난 음식도 과식하거나 그것만 약처럼 정제된 것으로 먹으면 몸에 좋을 수가 없습니다. 과유불급이라는 말을 꼭 명심하시기를 바랍니다. 항산화 채소들조차도 그것만 먹는다면 영양불균형으로 데미지를 줍니다. 그러므로 몸에 좋은 음식들을 먹을 때는 상식적인 수준에서 골고루 드시기를 권해드립니다.

==지중해식으로 알려진 식사 방식==이 있습니다. 과학적으로도 지중해식 식습관을 가진 환자들은 유방암 재발률이 낮다고 보고되어 있습니다. 지중해식은 채소와 올리브유 그리고 정제되지 않는 통곡식을 주로 먹고 단백질은 주로 생선과 흰 살 고기(닭)를 먹으며 일주일에 한두 번 적색육을 먹는 방식입니다. 위에서 제시한 좋은 음식 다 포함되어 있고 나쁜 음식을 절제하는 것이 보입니다.

입맛이 다른 한국 사람들이 지중해식으로 세 끼를 먹는 것은 쉽지 않습니다. 다행히 한식도 지중해식처럼 유방암 환자들에게 좋은 식단을 꾸밀 수 있습니다. 역시 현미와 같은 잡곡을 주식으로 하되, 채소 반찬과 다양한 콩 제품과 생선을 메인 반찬으로 드시고 가끔 쇠고기나 돼지고기를 일주일에 한두 번 정도로 드시는 것 어떨까요?

==먹는 시간도 중요==합니다. 장을 쉬는 시간을 주는 것이 항암을 끝낸 유방암 환자들에게 재발과 전이를 방지하는 중요한 습관이라는 연구 보고도 있습니다. 저녁을 일찍 드시고 식후 30분 정도는 산책 등으로 충

분히 소화한 뒤 잠자리에 들고 적어도 12~14시간 이상의 여유를 두고 아침을 드셔서 소화기관이 밤새 쉬도록 하는 식습관을 권유합니다.

예전부터 밤은 짐승의 시간이라는 이야기가 있습니다. 유방암 환자들이 밤샘 활동을 하는 것은 정말 나쁘고 야간에 활동하는 직업을 가진 분들이 유방암 발생률이 높다는 것은 의료계의 상식입니다. 나아가 야식하는 것도 재발과 전이를 방지하는 데 도움이 되지 않음을 꼭 인지해야겠습니다.

Research News

Can Fasting 13 Hours or More at Night Reduce Recurrence Risk?

Fasting for fewer than 13 hours per night was associated with a 36% higher risk of early-stage breast cancer recurrence compared to fasting 13 or more hours per night.

밤 동안의 금식 시간과 유방암 예후 사이의 연관성을 조사한 연구에서 야간 13시간 미만으로 금식한 환자들은 13시간 이상 금식한 환자들에 비해 유방암 재발 위험이 36% 높았음이 저명한 학술지 JAMA에 보고되었다.

(6) 스트레스 없는 식사

암의 재발과 전이를 막는 식습관의 방식은 내 몸의 면역력을 올리자는 것인데 그중 가장 중요한 것이 스트레스를 받지 않는 것입니다. 어떤 것이 너무나 먹고 싶은데 먹어서는 안 된다는 강박관념에 사로잡혀 밤에 잠이 안 오고 눈에 아른거릴 정도로 스트레스를 받는다면 그 음식은 드시는 것이 맞습니다. 반면 먹다가 이 음식이 내 몸에 줄 나쁜 영향들이 생각나 마음이 괴롭다면 드시지 않는 것이 맞습니다. 아무리 몸에 좋은 것도 먹기 싫은 맘을 억지로 꾹꾹 눌러가며 많이 먹는 것도 나쁜 식습관입니다.

　기준을 나의 음식에 대한 스트레스 정도로 잡으시고 나쁜 음식은 조금씩, 맛있게, 가끔 드시는 것도 좋은 식습관입니다. 치팅 데이를 정해두고 꼭 드시고 싶은데 별로 좋은 식품이 아닐 경우, 지중해식에서 일주일에 한두 번 적색육을 먹는 것처럼 일주일에 한 번 날짜를 정해서 맛있게 드시는 방법입니다. 그리고 그날은 맛있게 드신 만큼 더 많이 움직여서 에너지를 소비해 주시면 됩니다.

　이렇게 즐겁게 잘 지내시면 3개월 지나고, 6개월 지나고. 그렇게 5년, 10년 검진을 통과해 가실 것입니다. 힘내세요!!!

PART. 3
유방암환우들을 위한 힐링 레시피

1.
한 숟갈의 힘, 항암 진정 요리
(항암제 투여 중 식사)

2.
최소한의 노력으로 만드는
수술 후 항암 고단백 요리비법

3.
전이와 재발을 막는
항암 조절식

1. 한 숟갈의 힘, 항암 진정 요리
   (항암제 투여 중 식사)

많은 분이 항암 부작용 중에 가장 힘든 것이 오심이라고 합니다. 어느 날은 살 만하다가도 또 어느 날은 아주 못 견딜 정도로 구역질이 올라와 쓴 물까지 다 토하게 됩니다. 지난번 사이클은 괜찮았는데 이번에는 항암제가 들어가는 순간부터 미식거리기도 합니다.

내 손으로 밥을 차려 먹기는커녕 어떤 진수성찬도 쳐다보기도 싫은 상황입니다. 어떤 분은 내내 누룽지 물만 드셨다는 분도 계시고, 물냉면만, 잘 익은 물김치 국물에 밥 말아 한 두술 먹으면서 버티고 살았다는 분도 계십니다. 레몬 캔디나 목캔디, 두유만 삼킬 수 있었다는 분도 계시고요.

오심은 한번 시작되면 극단으로 치달아가는 특성이 있습니다. 속이 비면 더욱 심해지고 견딜 수 없는 구역질로 이어집니다. 한입이라도 드시면 그다음 한입이 먹힙니다. 못 드셔서 체중이 급격히 빠지고 심해져서 항암을 중단하는 사태만은 막아야 합니다.

내가 항암제를 이길 기력이 없으면 항암제가 암과 싸울 수가 없다는 사실을 기억하고 최선을 다해 한입, 두입 먹어야 합니다. 가족이나 보호자들도 환우가 못 드실 때는 예전에 잘 드셨던 음식 이야기를 해드리거나 "이거 먹어 볼래? 저거 먹어 볼래?"하고 다양한 음식을 권하고 관심을 유도하는 것이 필요합니다. 음식 사진을 이것저것 보여드리는 것도 먹을 마음이 생기도록 도와주는 좋은 방법입니다. 음식이 뜨거우면 오심이 더 심하게 일어나니 미지근하거나 차갑게 드시기를 바랍니다. 무엇이나 드셔도 좋지만, 감염에 취약하니 날 음식은 삼가는 것은 기억하시기를 바랍니다.

속을 가라앉히는 음식 팁

1. 연하면서 물기 많은 과일(수박, 참외, 딸기)과 차가운 음료를 드세요.

2. 새콤한 냉국이나 국물 음식: 냄새가 안 나서 먹기 쉬워요.

3. 밥 냄새 안 나게 누룽지 혹은 국수를 주식으로 드세요.

금기 음식
생굴이나 초밥, 육회, 생선회, 게장

아이스 레몬 디톡스 워터

항암 주사를 맞을 때 많은 분에게 가장 필요한 것이 차가운 음료입니다. 찬 음료는 차가운 온도로 입안과 손의 모세혈관을 수축시켜 말초혈관에 항암제가 오래 머무는 것을 막아주고 구내염을 예방하는 효과도 있습니다. 항암 데이에는 아이스 아메리카노나 청량음료보다는 아이스 레몬 디톡스 워터를 가져가 보셔요. 레몬의 항산화 성분들이 항암제로부터 신체를 보호할 뿐 아니라 민트의 진정 성분은 속을 가라앉혀주는 효과가 있습니다.

● **재료**

레몬 3조각, 민트 2가지, 생수 500g (허니 레몬을 만들려면 메이플시럽, 꿀, 알룰로스 등 원하는 단맛 재료를 레몬과 1대1 비율로 준비)

● **조리법**

1. 레몬은 슬라이서로 얇게 썬다.
2. 민트는 작은 줄기를 얼음 큐브에 넣어 물을 채워 얼린다.
3. 항암 데이때 컵에 얼린 레몬 슬라이스(또는 허니 레몬) 3조각과 민트 얼음을 넣고 차가운 물로 가득 채운다.
4. 항암 주사 시에 컵을 차갑게 손바닥에 닿게 들고 민트 얼음을 입 안에 머금고 녹여가며 마신다.

+Tips

필요할 때 레몬이나 민트 등 디톡스 재료를 사러 매번 슈퍼로 뛰어가긴 힘들죠. 슬라이스 레몬을 소독한 병에 담고 동량의 꿀을 부어 재우면 허니 레몬이 됩니다. 에너지가 필요할 때는 허니 레몬을 3~4조각 건져서 뜨거운 물을 부어 따뜻하게 레몬차로 드시면 좋습니다.

블루베리 그릭요거트

유산균들은 항암제의 공격에 상처 입은 장 점막을 보호하여 유해균의 침입을 막는 방벽이 되어주니 꾸준히 드시기를 권합니다. 그릭요거트는 그냥 먹어도 좋지만 꿀이나 과일과는 천생연분입니다. 꿀이 암에 나쁘다는 소문도 있지만 이 시기에는 에너지원도 필요합니다. 특히 마누카 꿀은 에스트로겐 수용체를 차단하여 에스트로겐 수용체 양성 유방암 세포들의 전이와 재발을 억제하는 효과가 있다는 연구도 있습니다. 칼로리가 걱정되시는 분들은 꿀 대신 알룰로즈나 견과류를 더하여 드시기를 바랍니다.

● 재료

블루베리 3술, 요거트 1컵, 마누카 꿀(메이플시럽, 알룰로즈 등 단맛 재료) 1큰술, 토핑(견과류, 과일, 시리얼 등)

● 조리법

1. 그릭요거트에 블루베리 등 과일을 얹고 꿀이나 시럽을 넣고 섞는다.
2. 원하는 토핑을 올린다.

+Tips

요거트는 우유에 유산균을 더하여 만듭니다. 요거트 기계를 사용해도 좋고, 아이스박스에 뜨거운 물을 채워 우유와 요구르트 종균을 섞어 만들어도 됩니다. 그릭요거트는 요거트를 만든 뒤 면보에 받쳐 누르면 만들 수 있으며 시판 그릭요거트를 사용해도 됩니다.

딸바 아이스크림

오심이 심할 때는 음식을 먹는 일이 힘듭니다. 이럴 때 아주 적절한 것이 아이스크림입니다. 바나나는 과육의 항산화 활성과 더불어 유방암세포의 증식을 방지하는 효과가 있어 항암 환자들에게는 정말 귀한 식재료입니다. 딸기와 바나나로 아이스크림을 만들 때 전지분유를 넣으면 더 부드러워지고 동시에 영양가 충족도 가능합니다. 특히 항암제 부작용으로 구내염이나 잇몸 염증이 심하여 단단한 음식을 먹기 힘들 때는 꼭 음식이 아니라 이런 디저트로 그 필요를 채우는 것도 한 가지 방법이 됩니다.

● **재료**

냉동 딸기 1컵, 냉동 바나나 1개, 우유(코코넛우유 또는 아몬드 우유도 좋음) 1컵 또는 생크림 반 컵, 전지분유 2큰술

● **조리법**

1. 실온에서 바나나를 충분히 후숙하여 냉동한다.
2. 얼린 바나나와 얼린 딸기, 우유를 동량 비율로 넣고 전지분유를 넣어 믹서기로 간다.
3. 공기가 들어가지 않게 적당한 통에 꼭꼭 눌러 담고, 위에 바나나와 딸기를 얹은 뒤 냉동한다.
4. 먹을 때 취향에 맞는 과일을 토핑하거나 시럽을 더하여 제공한다.

+Tips

우유 대신 생크림을 넣으면 아이스크림의 질감이 시판하는 것처럼 부드럽고 촉촉합니다. 유당불내증이 있어 우유를 못 드시는 분은 식물성 우유(아몬드 밀크나 코코넛 밀크, 두유)를 넣어도 좋습니다.

키위 파워 아이스바

닭가슴살은 기름기가 없는 순수한 살코기라 단백질의 함량이 높습니다. 면역력이 떨어진 환우들에게 꼭 필요한 단백질 보충 방법의 하나가 이렇게 아이스크림을 만들 때 넣는 것입니다. 키위나 청포도처럼 신맛과 향이 강한 과일을 사용하면, 삶은 닭가슴살의 맛이 느껴지지 않아서 쉽게 단백질을 보충할 수 있습니다. 닭가슴살 대신 단백질 보충제를 사용해도 됩니다.

● **재료**

키위 1컵(청포도 1컵), 아보카도 1컵, 우유(두유) 1컵, 삶은 닭가슴살 1/2컵, 장식용 과일과 견과류

● **조리법**

1. 키위와 아보카도, 삶은 닭가슴살을 우유나 두유와 함께 갈아준다.
2. 실리콘 빵틀이나 컵케이크 틀에 담아 얼린다.
3. 하룻밤 얼린 뒤 적당한 과일이나 시럽을 더하여 먹는다.

+Tips

파인애플과 바나나, 딸기, 청포도 등 과일은 미리 잘 익은 것으로 잘라 냉동해 두면 아이스크림을 쉽고 빠르게 만들 수 있습니다.

비트 바나나 슬러시

ABC 주스의 재료로 유명해진 비트는 엽산과 마그네슘, 철분 등이 많아 빈혈을 예방하는 효과가 있습니다. 강렬한 색깔만큼이나 강한 항산화 작용을 하는 파이토케미컬도 많이 들어 있습니다. 그러나 비트의 특유한 향이 싫다고 하시는 분들도 많습니다. 그런 분들에게는 삶은 비트를 이렇게 요거트에 넣거나 레몬청을 넣어 갈아먹으면, 산이 비트 향을 중화시켜 거부감 없이 잘 드실 수 있습니다.

● 재료

비트 반개, 바나나 2개, 꿀에 잰 레몬 3술

● 조리법

1. 비트는 껍질째 압력솥에 미리 삶아 소분하여 얼려둔다.
2. 얼린 비트와 바나나, 꿀에 재운 레몬청을 넣어 믹서로 간다.
3. 과일과 레몬청의 레몬을 끼워 낸다.

+Tips
1번 아이스 레몬 디톡스 워터 레시피를 참고하셔서 꿀에 잰 레몬과 레몬청을 사용하시면 됩니다.

우엉 율무 라떼

율무는 전통적으로 팬에서 노랗게 볶아서 물을 부어 율무차로 많이 마셨습니다. 우엉과 우유를 더하여 영양가 만점의 율무 우엉 라떼를 만들어 보세요. 율무가 루테인이 풍부하여 눈 건강에 도움이 되고 우엉은 인삼과 비슷한 사포닌 성분이 많아서 항암 식품으로 알려져 있습니다.

● **재료**

우엉 한 조각, 율무 2술, 우유 1컵, 레몬청 1술, 식욕 촉진용으로 말린 우엉 정과 또는 대추 정과 1~2개

● **조리법**

1. 율무는 미리 불린 뒤 살짝 데치고 그 물에 우엉을 살캉살캉하게 데친다(우엉과 율무는 미리 여러 번 먹을 것을 준비하여 소분하여 냉동한다).
2. 우엉과 삶은 율무, 레몬청을 넣고 간다. 기호에 맞게 우유(두유)를 첨가한다.
3. 말린 우엉 정과나 대추 정과 등을 더하여 낸다.

+Tips

농도를 되게 하여 우엉 율무죽으로 먹어도 좋고 우엉과 우유만 갈고 거기에 삶은 율무나 오트밀, 대추 정과 등을 섞어 리조또처럼 식사로 드셔도 좋습니다. 환우들의 시각을 자극하여 식욕이 나게 하는 용도로 우엉 정과나 대추 정과를 올릴 때는 깨끗하게 말린 것으로 사용합니다.

진저 라떼

항암 치료를 받는 중인 환우들은 체온조절이 잘 안되어 1도의 온도변화에도 추웠다가 더웠다 괴로움을 겪는 일이 많습니다. 생강은 진정 작용으로 오심을 낮추어 줄 뿐 아니라 생강의 정유 성분이 혈관을 확장시켜 몸을 따뜻하게 하고 두통이나 생리통을 없애는 등의 효과가 입증되어 있습니다. 항암 데이에는 커피 라떼 대신 차갑게 마셔도 좋고 추운 날에는 따뜻하게 마셔도 좋은 음료입니다.

● 재료

생강청 1큰술, 우유 200ml, 계핏가루, 피스타치오 2~3알

● 조리법

1. 생강청을 컵에 담는다.
2. 우유 100ml에 생강청을 녹인다.
3. 남은 우유를 거품 내어 2위에 얹어준다.
4. 피스타치오를 다져서 얹고 계핏가루를 뿌린다.

+Tips

생강청을 가정에서 쉽게 만들려면 꿀 50에 생강 간 것을 40, 생강 슬라이스 10으로 섞어서 냉장 보관하면 됩니다. 이때 꿀이 천연방부제 역할을 하여 생강이 상하지 않으므로 필요할 때마다 쉽게 사용할 수 있습니다. 단맛이 싫으면 생강청 대신 진저에 선셜 오일을 한 방울 넣는 것도 좋습니다.

들깨 미역냉국

전통적으로 미역은 산후 부종을 빼고 모유가 돌게 하는 식품으로 사랑받아 왔지만, 최근 학계에 미역귀에 풍부하게 들어있는 후코이단이 암세포를 사멸시키는 것으로 밝혀져 크게 주목받았습니다. 게다가 항암 부작용으로 변비가 심할 때 미역의 알긴산이 변을 부드럽게 만들어 배변에 크게 도움이 됩니다. 항암 기에는 미역을 이용한 각종 요리를 많이 드시는 것이 좋은데, 오심이 심할 때는 향신채인 파나 마늘, 고기를 넣지 않고 이렇게 들깨 국물로 맛을 내어 차갑게 드시면 잘 넘어갑니다.

● **재료**

불린 미역 한 컵 (또는 건미역 20g), 들깻가루 3술, 참기름 1술, 국간장 1술, 소금 약간, 물 3컵

● **조리법**

1. 건미역은 먼저 행군 뒤 물에 불린다.
2. 미역을 썰어서 팬에 넣고 참기름으로 볶는다.
3. 물 3컵을 붓고 끓인다.
4. 들깻가루를 끓는 미역국에 넣어준다.
5. 소금으로 간한 다음 차갑게 식혀서 낸다.

+Tips

들깻가루만 써도 좋지만 아몬드밀크 등 견과류로 만든 식물성 밀크를 들깨와 섞어 갈아주면 더 맛이 구수하며 좋은 지방으로 영양을 보충할 수 있습니다.

두부 콩나물 냉국

암환자들이 투여받은 화학 항암제가 암세포에만 작용하고 다른 점막이나 혈관을 손상하지 않으면 얼마나 좋을까요? 그러나 혈액을 따라 전신에 퍼지는 항암제의 특성상 무차별적인 부작용이 나타납니다. 그래서 암 치료 시에는 될 수 있는 한 혈액 내의 약 성분들이 빨리 체외로 배설되도록 물을 많이 드셔야 합니다. 그런데 맹물조차 이상한 맛과 냄새가 느껴지는 등 쉽지 않습니다. 환우들의 입맛이 깔깔하고 냄새에 민감한 이 시기에는 국을 시원하게 냉장하여 물처럼 자주 드시게 하는 것이 좋습니다. 콩나물국은 예로부터 숙취 등 독성 성분을 배설하는 능력이 잘 알려져 있습니다. 두부를 곁들여 단백질원을 보충하면 더욱 좋습니다.

● **재료**
콩나물 2컵, 양파 1/4개, 멸치 10개, 고추 2개, 두부 1/3모, 쪽파 1대

● **조리법**
1. 양파를 다진다.
2. 콩나물에 물을 자작하게 붓고 고추와 멸치, 양파, 소금을 넣어 뚜껑 닫고 끓인다.
3. 콩나물이 익는 냄새가 나면 두부와 쪽파를 넣고 끓여 냉장고에 두어 차게 식힌다.
4. 먹기 전에 깨소금을 뿌려 낸다.

+Tips
매운 것을 먹지 못할 때는 홍고추를 길게 잘라 넣고 먹을 때 빼주면 깔끔하지요. 멸치육수 내기가 번거로우면 육수 코인을 잘 골라 넣어도 좋습니다.

냉바지락탕

조개는 타우린 성분이 많아서 신체 내 전해질 균형을 돕고 중추신경계를 조절하는 역할을 한다고 알려져 있습니다. 특히 타우린은 세포를 보호하는 역할을 하기 때문에 이 시기에 먹어야 할 식재료입니다. 드실 수 있으면 뜨겁게 만들어 칼국수를 넣어 드셔도 좋은데 오심이 심할 때는 차가운 바지락탕 국물에 밥을 조금 말아 드시는 것이 좋습니다.

● **재료**
바지락 2컵, 쪽파 2대, 건고추 1개, 알룰로즈 1T, 물 4컵, 소금 약간

● **조리법**
1. 물이 팔팔 끓으면 조개를 넣는다.
2. 거품을 건져 가면서 끓인다.
3. 고추와 알룰로즈를 넣고 기호에 따라 약간의 소금을 더한다.
4. 쪽파를 넣고 차갑게 식혀서 먹는다.

+Tips
조개는 해감이 잘 된 것을 5~6월에 사서 소분하여 냉동하여 두면 일 년 내내 바지락탕을 쉽게 끓일 수 있습니다. 바지락탕이 맛이 나려면 조개와 물의 비율이 좋아야 합니다. 조개 분량의 2배 정도로 물을 잡아주면, 따로 소금을 안 넣어도 심심하게 간이 맞습니다.

냉녹차 밥(오차스께)

항암 기간동안 차나 커피를 마셔도 되는지 물어보시는 분들이 많습니다. 녹차나 커피를 대량으로 마시는 것도 아니고 하루 한 잔의 아메리카노나 녹차까지 철저히 제한하면 먹는 것으로 인한 스트레스가 많이 쌓입니다. 특히 물을 많이 드셔야 하는 항암 데이때 차가운 녹차는 정말 고마운 존재입니다. 냉녹차가 주는 수분감과 짭조름하게 구워진 생선이 오심을 가라앉히고 밥이 들어가게 해준다고 많은 분이 즐겨 드십니다. 녹차의 카페인이 걱정되시는 분은 점심으로 드시기를 바랍니다.

● **재료**
연어 또는 굴비 100g, 녹차 1T, 밥 반 공기, 쪽파, 시치미 양념

● **조리법**
1. 연어나 굴비를 소금과 후추 뿌려 에어프라이어에 굽는다.
2. 진하게 우린 녹차를 차갑게 준비하여 밥에 붓는다.
3. 연어나 굴비를 찢어 얹고 쪽파와 시치미로 양념하여 낸다.

+Tips
생선을 굽지 않고 쪄도 되고, 양념하지 않는 백 명란을 구워 올려도 좋습니다.

참치를 얹은 냉동 오이 비빔밥

항암 데이 이후 일주일간에 가장 좋아하는 식재료를 물어보면 열에 아홉은 오이나 참외, 멜론 같은 아삭아삭한 과일이나 채소가 잘 맞았다고 합니다. 오이를 냉동하면 특유한 향이 없어져 평소 오이를 좋아하지 않은 사람조차 잘 드실 수 있습니다. 냉동 오이무침은 물이 많고 또 시원한 질감으로 환우들에게 어필하는 음식으로, 미리 오이가 쌀 때 넉넉히 냉동시켜 두면 귀찮게 절이고 기다리는 과정을 거치지 않아도 바로 만들 수 있어서 고마운 항암 요리입니다.

● **재료**

밥 1그릇, 오이 1개, 소금 반 작은술, 설탕 반 작은술, 식초 1작은술, 참기름 1작은술, 통깨 1작은술, 고명용 캐슈넛과 통조림 참치

● **조리법**

1. 오이를 세척하고 물기를 닦고 한입 크기로 돌려가며 썰어준다.
2. 소금과 설탕을 반 작은술 (오이 무게의 1%)정도로 넣고 골고루 버무린다.
3. 오이는 지퍼백에 펼쳐 넣어 냉동한다.
4. 냉동한 오이를 녹인다(빨리 녹이고 싶으면 봉지째 물에 담근다).
5. 물에 헹구지 않고 바로 꼭 짜서 물기를 제거한다.
6. 식초와 참기름, 통깨 양념을 넣어 무친다.
7. 밥을 고슬고슬하게 지어 그 위에 오이무침을 올리고 참치나 캐슈넛을 올려낸다.

+Tips

그냥도 시원하고 새콤하니 맛있지만, 매운 것을 드실 수 있을 때가 되면 고춧가루와 다진 마늘, 고추를 첨가하면 더 맛있습니다.

서리태 냉콩죽

콩은 유사 에스테로겐이 있어서 체내에서 분비되는 천연 에스테로겐을 대신하여 수용체에 결합함으로써 수용체 양성 유방암 환자들에게 유방암의 전이나 재발을 막는 매우 유익한 식품으로 알려져 있습니다. 다시마는 은근한 단맛을 주기도 하지만 해조류가 가진 알긴산으로 디톡스에 좋은 식품입니다. 두유를 사서 먹는 것보다는 두유 기계로 이렇게 간단하게 직접 갈아서 밥과 함께 드시면 고소하고도 담백, 시원한 맛에 잘 드시게 됩니다.

● **재료**
서리태 반 컵, 다시마 1조각, 통깨, 소금, 물 1컵, 깨소금, 견과류

● **조리법**
1. 서리태와 다시마, 물을 두유기에 넣고 간다.
2. 소금으로 간하고 차갑게 식힌다.
3. 그릇에 찬 콩 국물을 담고 깨소금, 견과류를 얹어낸다.
4. 밥을 말아 먹으면 더욱 든든한 식사가 된다.

+Tips
두유는 냉장고에서도 오래 놔두지는 못합니다. 두유 제조기가 있으면 불리지 않고 마른 콩을 즉석에서 쉽게 만들어 드실 수 있지만, 믹서기를 이용할 때는 미리 콩과 다시마를 하룻밤 불린 뒤 곱게 갈아 끓여서 식히면 됩니다.

도토리묵밥

멸치 육수와 잘 숙성된 물김치 국물을 합하여 냉면 육수처럼 시원, 깔끔한 국물을 내고 밥과 도토리묵을 말아내면 후룩후룩 잘 넘어가는 항암식이 됩니다. 도토리가 가진 쌉싸름한 맛의 주성분은 탄닌으로 몸 안의 중금속을 배출해 주는 것으로 알려져 있습니다. 또 도토리묵은 부드러운 질감으로 포만감을 주어서 빈속에서 오는 오심을 가라앉히는 효과도 있습니다.

● 재료

묵 반 모, 동치미 국물 1컵, 멸치육수 1컵, 배추김치 2장, 오이 한두 조각, 파 1T, 김 가루 1T

● 조리법

1. 잘 숙성된 김치의 양념을 털어내고 잘게 채를 썰어서 참기름과 버무린다.
2. 아삭하게 볶아내고 깨소금 뿌려서 식힌다.
3. 오이는 채 썰고 쪽파는 송송 썰어서 준비한다.
4. 묵은 1cm 굵기로 썬다.
5. 육수와 동치미 국물을 반씩 섞고 김치와 오이채, 쪽파, 김 가루, 얼음을 올린다.
6. 기호에 따라 지단, 깨소금 추가한다.

+Tips
미리 다시마, 멸치, 양파, 무 등을 끓여 육수를 우린 뒤 1회 분량씩 나누어 냉동해 두면 쉽게 만들 수 있습니다.

새우 오이지 냉국 국수

많은 환우가 의외로 항암기에 '이거 없이 어떻게 지내냐?'하시는 음식이 오이지입니다. 원래도 밥맛이 돌게 만드는 여름 반찬이 오이지인데, 절인 오이지를 이용하여 국수를 말아 드시게 합니다. 오이지 절일 때 소금이나 설탕이 많은 것 같지만 오이지만 건져 쓰기 때문에 실제 드실 때는 짜지도 달지도 않습니다. 단백질의 보충을 위해서 새우나 닭살을 데쳐서 같이 드시면 좋습니다.

● **재료**

오이 10개, 설탕 1컵, 소금 1/2컵(150g), 식초 1컵, 소주 반 컵, 홍고추, 쪽파, 통깨, 양파 1/4개, 정수 물 1컵, 국수 삶은 것 1컵, 새우 데친 것 5마리

● **조리법**

1. 오이지 담기: 오이 10개를 닦아서 물기를 제거하고 설탕 1컵에 천일염 반 컵을 섞어서 통에 버무려 담는다. 식초 한 컵과 소주 반 컵 부어 반나절 후 뒤집는다. 일주일 실온에서 절인 다음 냉장한다.
2. 오이지 절인 것 1개를 꺼내 편 썰고 양파를 편 썰어 넣는다.
3. 정수한 물을 자작하게 부어 냉장한다.
4. 홍고추와 쪽파, 깨를 넉넉히 넣는다.
5. 국수는 삶고 그 물에 새우도 데친다.
6. 오이지의 짠맛과 새콤함이 적당히 국물에 우러나면 국수와 새우를 올려낸다.

+Tips

절인 오이지에 정수한 물을 부어 냉장하면서 우릴 때 물량과 시간을 잘 조절하는 것이 간이 알맞고 시원한 국물을 만드는 요령입니다.

냉김치 수육 국수

단백질을 드시기 위해서 쇠고기 수육을 준비하고 그 육수를 잘 활용하는 방법입니다. 국물은 평양냉면 육수처럼 쇠고기 육수와 맑은 김칫국물을 반반 섞어 만들면 쉽게 만들 수 있습니다.

● 재료

맑은 김칫국물 반 컵, 쇠고기 한 덩어리(500g), 양파 한 개, 정수 물 2컵, 김칫국물의 산도에 따라 알룰로즈 또는 설탕 1술, 통깨 1술, 삶은 국수 1컵, 계란 반 개

● 조리법

1. 김칫국물을 병에 담아서 양념은 모두 가라앉고 맑게 뜬 윗물만 준비한다.
2. 압력솥에 양파의 채를 썰어 깔고 물 2컵과 쇠고기를 얹어 삶아 식힌다.
3. 김칫국물에 쇠고기 육수를 2배로 타고 약간의 단맛 재료를 넣어 신맛을 조절한다.
4. 쇠고기는 편육으로 썰어서 삶은 국수위에 얹는다.
5. 김치는 살짝 행군 뒤 송송 썰어서 고명으로 얹고 깨를 뿌려 낸다.

+Tips

배추김치 다 먹고 나면 김치통에 국물이 많이 남습니다. 이럴 때 김칫국물을 체에 거르고 병에 담아 냉장고에 두면 양념들도 다 가라앉아 맑은 국물이 올라옵니다. 이 국물은 더 이상 시어 지지 않기 때문에 김치냉장고에 오래 보관할 수 있습니다. 미리 이렇게 준비해 두면 국수를 말거나 도토리묵밥을 만들 때 아주 좋은 육수 재료가 됩니다.

새우 두부 계란찜

이 시기에 가장 부족하기 쉬운 것이 단백질입니다. 드시기 어려울 때일수록 면역을 유지해주는 단백질을 빠트리기가 쉽습니다. 그래서 일상적인 계란찜에 새우와 두부를 넣어서 알차게 단백질을 보충할 수 있습니다. 찜솥으로 찜을 찌는 일반 계란찜은 좀 번거로우니 아주 쉽고 간단하게 전자레인지로 만들 수 있습니다. 오심이 심할 때는 만든 뒤 냉장해서 차갑게 드시면 좋습니다.

● **재료**

계란 3개, 연두 2술(새우젓이나 소금을 섞어 간을 맞추어도 됨), 두부 1/8모, 새우 3마리, 당근 다진 것 1술, 쪽파 2술, 고춧가루 1작은술

● **조리법**

1. 계란 3개에 물 반 컵, 당근과 양파, 버섯을 잘게 썰어 넣어준다.
2. 새우는 껍질을 까서 준비한다.
3. 두부는 큐브로 썰어 넣는다.
4. 연두와 쪽파, 고춧가루를 넣는다.
5. 전자레인지에 10분 돌린 다음 한번 휘저어주고 다시 5분 돌린다.

+Tips

달걀 비린내를 예민하게 느끼시는 분들은 액젓이나 소금으로 간하기보다는 연두를 사용하면 좋습니다. 쪽파와 연두가 어울리면 달걀 비린내를 깔끔하게 잡을 수 있습니다.

깻잎 수란

채소 중에 깻잎만큼 여성들에게 좋은 항산화 작용을 가진 식품이 없습니다. 깻잎의 특유한 향인 페릴라 키톤과 알데하이드 등 정유 성분은 항균 효과도 강하고 면역력을 강화한다고 알려져 있습니다. 항암제 투여로 극도로 호중구 수치가 낮아져 있다면 깻잎으로 물김치를 담아 드세요. 간단하게 수란만 곁들여도 입맛이 없을 때 단백질의 보충이 됩니다.

● **재료**

깻잎 물김치 반 컵, 계란 1개, 아몬드 썬 것, 통깨, 냉수 반 컵, 알룰로즈 1T

● **조리법**

1. 컵에 뜨거운 물을 붓고 계란을 깨어 넣은 뒤 전자레인지로 1분 끓인다.
2. 수란은 체에 밭쳐 찬물에 담근다.
3. 깻잎김치의 깻잎은 일부는 다지고 2장은 펼쳐둔다.
4. 깻잎 김칫국물에 물을 더하고 단맛(마누카꿀이나 알룰로즈)을 더한다.
5. 깻잎 위에 수란을 올리고 국물을 부어준 뒤 통깨와 깻잎 다진 것과 견과류를 올려 낸다.

+Tips

깻잎 물김치는 아주 쉽게 담글 수 있습니다. 먼저 깻잎을 소금에 절이는데, 소금의 양은 나중에 첨가할 물량의 2% 정도로 넣어주면 간이 딱 맞습니다. 깻잎이 절여지면 감자를 삶아 간 국물을 부어서 익히면 됩니다. 양파와 홍고추를 썰어 넣고 취향에 따라 액젓을 한술 정도 넣어도 됩니다.

내 멋대로 샐러드

샐러드는 꼭 무엇을 넣어야 한다든지 빼야 한다든지 하는 룰이 없습니다. 색깔이 알록달록한 다양한 야채와 과일, 그리고 단백질 재료를 얹으면 한 끼 식사로도 든든합니다. 샐러드의 치트키는 샐러드 소스입니다. 두 가지 기본 소스를 넉넉히 만들어 두면 다양한 방식으로 채소와 버무려 먹고 밥에도 얹어 포케로 드실 수도 있습니다.

● **재료**

냉장고의 채소: 오이, 당근, 방울토마토, 양상추, 그 외에 다양한 초록 잎채소 적당한 양
단백질 재료: 닭가슴살이나 구운 두부, 불고기, 새우나 오징어 등
토핑 재료: 아몬드나 호두 말린 과일 등 견과류와 치즈
레몬 비니그렛 소스: 레몬즙 1술, 올리브유 2술, 머스타드 반술, 다진 양파 1술, 소금, 후추, 파슬리 다진 것 조금
아시안 샐러드 소스: 간장 1술, 식초 1술, 올리브오일 1.5술, 참기름 0.5술, 알룰로즈 1술, 미림 1술, 다진 마늘 1술, 다진 양파 1술, 통깨 넉넉히

● **조리법**

1. 레몬 비니그렛 소스와 아시안 샐러드 소스를 비율대로 섞어 미리 만들어 둔다.
2. 될 수 있는 한 다양한 색의 샐러드 야채를 바닥에 깔고 좋아하는 단백질 재료 또는 호두나 아몬드 등 토핑을 골라 얹는다.
3. 좋아하는 소스를 얹어낸다.

+Tips
소스를 비율대로 많이 만들고 잘 흔들어서 분리되기 전에 1회 분량씩 큐브 용기에 붓고 냉동실에 얼려두면 필요할 때마다 하나씩 샐러드 위에 얹어 녹여 낼 수 있습니다.

두부구이와 두 가지 라페

라페는 당근을 채 썰어 새콤달콤하게 절여 발효시킨 음식입니다. 이것을 빵 사이에 끼워 샌드위치로 먹기도 하고 다른 야채들과 샐러드로 먹기도 합니다. 두부구이와 함께 먹으면 아주 어울리는 조합으로 당근 이외에 양배추나 양파로도 라페를 만드는데, 모두 동일한 방식으로 만들 수 있습니다.

● 재료

두부 반 모, 소금, 후추, 식용유, 당근(또는 자색 양파, 양배추) 1개,
라페 소스: 소금 1술, 올리브유 3술, 레몬즙 1술, 씨 겨자 반술, 양파 찹 1술, 꿀 1술 레몬 제스트 와 파슬리 찹 조금

● 조리법

1. 두부에 소금을 뿌리고 채반에 놓아 물기를 뺀다.
2. 물기가 빠진 두부를 기름을 자작하게 두르고 구워낸다.
3. 당근을 채 썰어 소금에 절인다.
4. 라페 소스는 올리브유에 씨겨자와 양파 찹, 레몬즙과 꿀을 넣어 만든다.
5. 절인 당근을 꼭 짜서 라페 소스에 무친다.
6. 구운 두부에 당근 라페를 얹어낸다.

+Tips

보라색 양파와 흰 양파를 섞어 라페를 만들어 좋습니다. 빵 위에 당근 라페나 양파 라페를 얹고 구운 두부나 닭가슴살 구운 것을 더하여 샌드위치로 먹으면 한 끼로 완벽합니다.

2. 최소한의 노력으로 만드는
   수술 후 항암 고단백 요리

항암 요법이 끝나면 약의 부작용에 따른 힘듦은 서서히 사라집니다. 그러나 이젠 집도의의 칼이나 방사선에 의해 생긴 깊은 외상에서 회복해야 할 시기입니다. 수술 후 외상에서 회복을 위한 영양분이 넉넉한 음식을 공급해 주는 것이 필요합니다. 특히 방사선 치료가 누적되면 염증 수치가 급격히 오르내리는 등 전신의 면역력이 떨어지니, 항산화 성분이 많이 든 음식이 유익합니다.

　그러나 삼시 세끼 음식을 하는 일이 참으로 만만치는 않습니다. 좋은 음식을 먹어야 하지만 언제까지나 가족이 식사를 챙겨줄 수도 없고, 사 먹는 음식으로 커버할 수도 없습니다. 장을 보러 가는 것도, 식재료를 다듬는 일들도, 칼질하는 것도 수술 후 부자유스러운 팔로는 감당하기가 힘들고 게다가 어린 자녀가 있어 식사를 차려주어야 한다면 더욱 고단할 수밖에 없습니다. 내 손으로 좋은 음식을 만들어 먹고 싶지만, 상당한 시일이 지나도 통증이 있어 육체적으로 쉽지 않습니다.

　그래서 이 장의 목표는 본인이나 보호자의 최소 노력으로 만들 수 있는 좋은 항암 음식들로 주제를 잡았습니다. 단백질이 넉넉하게 든 재료와 면역력을 키워가기 위한 항산화 성분이 많은 재료를 궁합이 맞게 섞어서 주시면 되고 번거롭고 근육에 무리가 가는 음식은 책에 싣지 않았습니다. 회복으로 가는 가장 빠른 길은 잘 자고 잘 먹고 잘 쉬는 데 있음을 기억하시기를 바랍니다.

팔을 아끼는 항암 조리

1. 지중해식 식단을 차용하여 생선, 통곡물, 채소를 넉넉히 사용한다.
2. 생선 등 해산물은 손질되어 살만 냉동된 것을 사용한다.
3. 조리 편의성과 경제성을 위해 가능한 한 채소와 과일은 가식부위만 다듬고 씻어 소분하여 냉동 보관, 사용한다(생각보다 냉동해도 좋은 채소들이 많다).
4. 밀프렙 방식을 이용하자(한꺼번에 재료를 준비해 냉동하고, 냉동고에서 꺼내 바로 조리할 수 있는 용기에 담는다).
5. 전자레인지와 에어프라이어를 사랑하자(조리대 앞에서 시간 보내지 말자).
6. 자주 쓰는 드레싱도 대량 만들어 1회 분량씩 소분, 냉동한 뒤 하나씩 꺼내 쓰자(레몬소스, 아시안 샐러드 소스, 초고추장, 초간장 등).
7. 육수도 졸인 후 1회 분량으로 나누어 냉동하고 필요할 때마다 1개씩 꺼내어 쓴다.
8. 마늘, 고추, 생강, 쪽파, 레몬 등 양념도 갈거나 편 썰어 지퍼백에 냉동 보관하고 필요할 때 꺼내 바로 사용하자.
9. 설거짓거리도 적게 팬 하나로 조리를 끝내는 원 팬 푸드로 만들자

금기 음식

탄 고기, 소시지나 햄 같은 가공한 붉은 고기, 술, 담배

지중해식 레몬소스의 연어 바이트 (고등어)

연어는 오메가3 지방산이 많고, 쉽게 조리할 수 있게 손질되어 나오는 생선이라 지중해 식단에 응용하기에 좋습니다. 전통적으로 지중해에서는 정어리, 멸치 등 등푸른생선을 많이 먹는데 우리나라에서 많이 나는 고등어나 청어 등으로 대치해도 좋습니다. 연어를 지중해식 오레가노나 레몬 허브와 섞어 에어프라이어에 구워주면 생선 냄새가 나지 않아 온 집안이 쾌적하게 생선구이를 즐길 수 있습니다.

● 재료

연어(고등어) 1토막, 마늘 1술, 양파 다진 1술, 방울토마토, 브로콜리, 올리브 먹고 싶은 만큼, 올리브오일 2술, 소금, 후추, 오레가노 가루 조금, 레몬 제스트와 파슬리, 발사믹 소스 조금씩

● 조리법

1. 연어를 한입 크기로 썬다.
2. 볼에 연어와 소금, 후추, 오레가노 가루를 넣고 미늘과 양파를 다져 넣는다.
3. 올리브오일을 넉넉히 뿌린다.
4. 에어프라이어에 종이 포일을 깔고 연어를 넣어 180도 8분 굽는다.
5. 방울토마토와 브로콜리, 올리브, 마늘을 따로 올리브유와 소금을 뿌려 연어 옆에 넣고 3분 정도 더 굽는다.
6. 그릇에 옮기고 파슬리 찹과 레몬 제스트, 발사믹 소스를 뿌려 낸다.

+Tips

연어와 채소를 한꺼번에 섞어 구우면 채소의 물기가 질척하게 생선을 적시므로, 종이 포일로 칸을 만들어 나누어 구우면 바삭하게 드실 수 있습니다.

연어 밥

압력솥에 밥을 할 때 다시마를 깔고 연어 넣어, 그냥 취사를 누르면 너무나 손쉬우면서도 건강한 한 그릇 음식이 만들어집니다. 양념은 쪽파가 숨은 비밀입니다. 쪽파를 넉넉히 넣고 짭짤하게 날치알로 간을 살려주면 됩니다. 남은 연어 밥은 1인분씩 소분하여 냉동하였다가 밥만 전자레인지로 해동한 후 찬 녹차를 부어 오차스케로 먹어도 좋습니다.

● 재료

연어 사람 수대로 1토막, 다시마 한 장, 날치알 2술, 쪽파 다진 것 반 컵, 쌀, 양념하지 않고 구운 김, 와사비 1작은술, 간장 2작은술

● 조리법

1. 씻은 쌀 위에 다시마를 깔고 연어를 사람 수대로 한 토막씩 얹는다.
2. 압력솥에 밥을 한다.
3. 밥을 푸고 연어를 얹고 날치알과 쪽파를 올린다.
4. 와사비 간장을 곁들인다.

+Tips
맨 김으로 밥을 싸 먹거나 미소국과 곁들여 먹으면 좋습니다.

브로콜리를 곁들인 데리야끼 연어

브로콜리나 양배추는 십자화과 식물로 비타민K가 많아서 뼈와 혈액 건강에 좋습니다. 특히 방사선 치료 후에는 무조건 브로콜리 한 접시라는 얘기가 있을 정도로 항산화 효과가 뛰어난데, 아쉽게도 한국에서는 브로콜리를 맛있게 먹는 요리 방식이 없어서 만든 레시피입니다. 이 레시피처럼 양배추나 브로콜리는 데리야끼 소스와 잘 어울리므로 고기를 구워 버무려 먹기 좋습니다.

● **재료**

연어 1조각, 소금 한 조금, 후추 한 조금, 브로콜리 1컵, 파마산 치즈 간 것 1술, 양배추 채 반 컵

데리야끼 소스: 식용유 1술, 다진 마늘 1술, 다진 생강 반술, 간장 1컵, 미림 1컵, 꿀 1술, 감자전분 1술, 통깨 넉넉히

● **조리법**

1. 연어에 소금 후추를 뿌려 하룻저녁 숙성한다.
2. 연어에 오일을 뿌려서 미리 예열한 에어프라이어에 넣고 180도에서 10분 굽는다. 브로콜리는 소금과 후추 뿌린 뒤 올리브오일에 버무려 따로 연어와 칸을 나누어 굽는다.
3. 소스는 팬에 식용유와 간 마늘과 간 생강을 볶아서 향을 내고 간장, 미림을 동량 부어서 살짝 졸인다.
4. 3에 물 전분(물과 전분 1술씩 섞은 것)을 풀고 마누카 꿀을 넣어 소스 농도를 내고 통깨를 넉넉히 넣는다.
5. 연어가 구워지면 데리야끼 소스를 발라서 다시 1분 굽는다. 브로콜리에는 치즈를 뿌려준다.
6. 양배추 채를 깔고 브로콜리와 연어를 얹고 데리야끼 소스를 곁들여준다.

+Tips
양배추는 채칼로 아주 얇게 썰어 준비하면 소스와 잘 어울리는 샐러드가 됩니다.

사과 샐러드를 곁들인
고등어 파피요트 구이

고등어는 대표적인 등푸른생선으로 오메가 지방산이 많아서 건강지킴이라고 합니다. 그러나 가정에서 고등어를 구우면 반나절은 생선 냄새가 남아 얼굴을 찌푸리게 되어 자주 해 먹기 부담이 됩니다. 생선 비린내는 아민으로 산과 만나면 중화되어 없어집니다. 이 레시피처럼 식초를 발라 비린내를 제거하고 종이에 싸서 구우면 거의 냄새가 나지 않습니다. 레몬소스의 새콤한 샐러드와 곁들이면 더욱 맛이 납니다.

● **재료**

고등어 순살 1장, 식초 1술, 파프리카 1/4조각, 마늘 3개, 소금, 후추, 사과 반개, 호두 3~4알, 샐러리 1대, 파슬리 조금
레몬소스: 올리브유 2T, 레몬 1개, 소금, 홀그레인머스타드 1t

● **조리법**

1. 고등어에 식초를 발라 비린내를 없앤다.
2. 키친타월로 물기를 제거한 고등어에 소금, 후추 간해서 종이 포일에 싼다.
3. 껍질 면이 아래로 가게 해서 팬에 약불로 천천히 굽는다.
4. 사과와 호두, 샐러리는 큐브로 썬다.
5. 레몬즙과 올리브유, 머스타드로 레몬소스를 만든다.
6. 고등어가 다 익으면 접시에 옮기고 샐러드 채소에 레몬소스를 버무려 올린다.
7. 파슬리 찹과 레몬 제스트를 뿌려낸다.

+Tips
고등어는 강불로 구우면 살이 퍽퍽합니다. 약불에 천천히 촉촉하게 구워야 합니다.

오렌지와 머스타드를 곁들인 에프 고등어구이

에어 프라이어는 참으로 기특한 도구입니다. 등푸른생선을 많이 먹어야 하는데 구울 때 기름도 튀지 않고 이만큼 간편한 방법이 없습니다. 이번에는 홀그레인 머스타드로 냄새를 잡아볼까요? 머스타드 내의 산이 고등어 냄새도 잡고 맛과 향을 더해줍니다. 이때 샐러드 한 접시를 곁들이면 지루하지 않게 한 마리를 다 드실 수 있습니다.

● 재료

순살 고등어 1장, 씨 겨자 1큰술, 파프리카 가루 한 조금, 다진 마늘 1술, 소금 조금, 후추 조금, 오렌지 1개, 양상추 2장, 프룬등 마른 과일 1~2개, 다진 파슬리
레몬소스: 올리브유 3큰술, 레몬 1개, 양파 1/8조각, 파슬리, 소금, 홀그레인 머스타드 1작은술

● 조리법

1. 고등어에 씨겨자를 꼼꼼히 발라준다.
2. 파프리카 가루, 다진 마늘, 소금, 후추를 섞어서 뿌린다.
3. 에어프라이어에 180도 15분 굽는다.
4. 파슬리 찹을 뿌린다.
5. 오렌지를 살만 떠서 프룬 같은 마른 과일과 샐러드 거리를 섞는다
6. 레몬소스를 뿌려 함께 낸다.

+Tips
레몬소스도 비율대로 미리 많이 만들어 냉장하면 오일이 위로 떠서 굳으므로 상하지 않고 오래 보관이 용이합니다. 사용 시에 미리 꺼내 두면 오일이 녹아 흔들어서 사용하면 됩니다.

광둥식 탈라 피아 찜

탈라 피아는 역돔이라고 하는데 뼈가 깔끔하게 발라져 바로 구울 수 있게 손질된 냉동식품입니다. 팬에 구워도 되고 에프에 구워도 되지만 위아래로 파와 생강을 깔고 생선을 찐 뒤 폰즈 소스를 끼얹어서 내면 되니 손쉬우면서도 맛있는 반찬이자 덮밥으로 먹어도 좋은 단백질 급원입니다.

● **재료**

탈라 피아 1토막, 소금 한 조금, 후추 한 조금, 식용유 2술,

향 기름: 식용유 3술, 마른 고추 1개, 양파 다진 것 2술, 대파 1대, 생강 1 조각

폰즈 소스: 간장 1술, 식초 1술, 레몬즙 1술, 미림 1술, 물 1술, 설탕 반술, 양파와 청홍고추 다진 것 각 1술, 다진 마늘 1술, 기호대로 겨자 약간을 비율에 맞춰 넣고 젓는다.

● **조리법**

1. 폰즈 소스를 비율대로 만든다.
2. 탈라 피아는 소금과 후추를 뿌려 찜솥에서 대파를 위, 아래 깔고 5분 찐다.
3. 대파는 생강은 채를 치고 놓고 찐 생선 살을 놓은 뒤 폰즈 소스를 만들어서 뿌린다.
4. 향 기름을 만들어서 뿌린다.

+Tips

폰즈 소스는 먹을 때 바로 섞어 써도 되지만 넉넉히 만들어 두고 실리콘 소분 용기에 1회분씩 분할 냉동하여 꺼내 써도 좋습니다. 향 기름도 시판 향 기름을 써도 좋지만 한번 만들 때 대량으로 만들어 1회 분량씩 냉동하여 쓰는 것도 좋습니다.

대구 간장구이와 양배추샐러드

대구나 도미와 같은 흰살생선은 담백한 식감으로 곁들여 먹는 소스나 샐러드의 조합으로 다양한 맛을 내 줄 수 있습니다. 여기서는 데리야끼 소스를 이용했는데, 매콤한 태국식 생선 소스를 곁들여도 좋고 토마토소스를 더하여도 좋습니다. 양배추 채는 다른 재료가 없이도 곱게 채를 치면 간장소스와 구운 생선에 잘 어울리는 건강한 샐러드가 됩니다.

● **재료**

대구 살 1인분에 1토막, 마늘 4개, 진간장 5술, 미림 1술, 물 8술, 조청 2½술, 생강청 1/3작은술, 후추 한 꼬집, 튀김가루 5술, 식용유 3~4술, 곁들임 생강 채와 양배추 채, 쪽파

● **조리법**

1. 대구 살은 물기를 제거하고, 미림을 골고루 바르고 10분 절인다.
2. 마늘을 편으로 썰고 진간장 5술(굴 소스 1술로 대신할 수도 있다), 물 8술, 생강청 1/3 작은술, 조청 2½술을 섞어 소스를 만든다.
3. 대구 살에 튀김가루를 살짝 뿌려 팬에 식용유 두르고 중약불로 굽는다.
4. 완전히 익으면 생선을 꺼내고 키친타월로 팬의 기름기를 제거한 후 마늘과 양념을 넣어 중불에서 끓인다.
5. 양념이 농도가 나면 대구를 넣어 졸인다.
6. 간장 양념이 되직하게 졸면 불을 끈다.
7. 양배추는 채칼로 얇게 채 쳐서 풍성하게 접시에 올리고 구운 생선을 얹는다.
8. 후추를 조금 뿌리고 생강 채 썬 것과 쪽파와 레몬 제스트를 뿌려 낸다.

+Tips

쪽파도 미리 다져 냉동하면 바로 한 줌 뿌릴 수 있고 레몬도 넉넉할 때 제스트를 미리 준비하여 냉동하면 음식을 맛깔나게 만드는 장식을 할 수 있지요.

대구 날치알 그라탕

대구는 기름기가 없어 담백한 맛을 주기 때문에 한국에서는 지리나 탕, 생선전에 많이 이용됩니다만, 아무래도 손이 많이 갑니다. 대구 살만 필렛팅해서 파는 것을 이용해 베사멜 소스를 끼얹어 요리하는 서양식을 변형하여 구워보았습니다. 마요 속에 듬뿍 들어간 파가 구워지면서 만드는 향미와 날치알의 톡톡 터지는 식감이 담백한 대구와 어울려 손쉬우면서도 근사한 온 가족의 저녁을 만들 수 있습니다.

● **재료(4인 기준)**
대구 살 4토막, 날치알 3T, 맛살 2줄, 다진 쪽파 반 컵, 마요네즈 3술

● **조리법**
1. 대구 살은 에어프라이어 용기에 펼쳐 담는다.
2. 볼에 맛살과 날치알, 쪽파를 듬뿍 넣고 마요네즈로 촉촉하게 버무린다.
3. 대구 살 위에 소스를 넉넉히 덮는다.
4. 에어프라이어 200도에서 20분간 굽는다.
5. 밥과 함께 대구 날치알 그라탕을 얹어낸다.

+Tips
쪽파를 좀 과한 듯한 느낌이 들 정도로 많이 넣어야 구워지면서 단물이 나와 소스를 맛있게 합니다.

명란 버섯 솥 밥

최근에는 짜지 않게 냉동한 명란이 많이 나오고 있습니다. 예전에는 알 종류가 콜레스테롤이 많다고 고지혈증이 있는 분들에게 나쁘다고 했는데, 최근에는 식품 내 콜레스테롤은 체내 콜레스테롤을 높이지 않는다는 결과가 나와 하루에 계란 2개는 꼭 먹으라는 이야기까지 있습니다. 명란이나 날치알, 캐비어 등에도 콜레스테롤이 많은데 계란의 예로 미루어 보아 마음 놓고 드셔도 될듯합니다.

● 재료

쌀 반 컵, 명란 1개, 표고 1, 새송이 1, 간장 반술, 버터 1술, 다시마물 1컵, 미림 조금, 참기름 1술, 부추나 쪽파 2술, 깨소금

● 조리법

1. 솥에 버터를 녹여 명란을 약불에 굽는다.
2. 명란을 꺼내고 파를 넣고 향이 올라오면 버섯을 넣어 볶는다.
3. 불린 쌀과 다시마와 물을 부어 강불에서 끓인다.
4. 밥이 되면 명란을 넣고 뜸 들인 후 부추 또는 쪽파를 넣어 먹는다.
5. 취향에 따라 시치미와 깨소금, 참기름을 더한다.

+Tips
양념하지 않는 저염 백 명란을 사용하는 것이 좋고 명란을 구울 때는 약불에서 은근히 구워야 터지지 않아요.

굴 무밥

무가 맛있는 가을 겨울철에는 무와 굴이 잘 어울리는 밥을 만들 수 있습니다. 소화도 잘되고 양질의 단백질이 넉넉한 음식입니다. 특히 굴은 셀레늄과 아연이 많아서 세포의 치료, 면역체계의 유지와 염증 감소에 탁월한 식품으로 알려져 있습니다. 이렇게 무와 밥을 하면 한 그릇 필요한 섬유소까지 다 채울 수 있어서 쌀밥의 급격한 혈당 증가도 막는 역할을 합니다.

● 재료

굴 반 컵, 무 1/4 토막, 쌀 1컵, 불려 잘게 썬 미역 3술, 참기름 1술,
양념간장: 간장 2술, 다진 쪽파 2술, 고춧가루 1/3술, 청홍고추 각각 1/2개, 참기름 1/2술, 알룰로스 등 단맛 재료는 취향대로

● 조리법

1. 참기름에 굴을 살짝 볶아내 두고 그 팬에서 쌀을 볶는다.
2. 무를 채 쳐서 쌀과 잘게 다진 미역에 넣고 물을 부어 밥을 한다.
3. 밥이 되면 굴과 쪽파를 얹어 잠시 뜸을 들인 후 낸다.
4. 양념간장을 분량의 비율대로 만들어 함께 낸다.

+Tips
양념간장은 간장에 쪽파가 듬뿍 들어가 파간장이라는 이름이 붙기도 해요. 참기름만 빼고 비율대로 만들어 냉장해 두면 사용할 때마다 간편합니다.

전복 미나리 솥 밥

전복은 단백질은 많으면서도 지방이 적어 전통적으로 보양 식품으로 알려져 왔습니다. 철분과 칼슘이 많아 조혈작용과 조골작용을 도와주는 기능도 있을 뿐 아니라 셀레늄, 아연과 같은 항산화 성분도 많아 암환우들에게 맛과 영양 모두 완벽한 식품입니다. 전복의 내장에는 타우린이 있어서 미나리와 함께 먹으면 세포들을 보호하고 면역력을 올리는 기능이 탁월합니다. 미나리와 향도 기막히게 어울립니다.

● **재료**

전복 2개, 미나리 한 줌, 쌀 1컵, 참기름 1술, 미림 1술, 은행 3개, 다시마 반 장
양념간장: 굴 무밥 참조

● **조리법**

1. 쌀을 불린다.
2. 전복을 손질해서 내장을 분리하고 전복살은 칼집을 넣어 편 썬다.
3. 전복살을 돌솥에서 참기름에 볶는다.
4. 내장은 체에 내려 쌀과 간장, 정종을 섞고 다시마를 넣어 밥을 한다.
5. 뜸 들인 후 구운 전복과 미나리, 은행알을 올려낸다.
6. 양념간장을 곁들인다.

+Tips
내장을 밥물에 섞을 때는 신선한 생전복이어야 하고 비린내가 나면 쓰지 않는 편이 좋습니다. 전복은 오래 볶으면 질겨지므로, 살짝 볶은 뒤 뜸 들일 때 다시 넣어주는 것이 연하게 먹을 수 있는 방법입니다.

볶은 조개 양념 국수

조개 파스타를 우리에게 익숙한 중식 볶음으로 응용한 퓨전요리입니다. 파, 마늘로 향을 낸 기름과 간장으로 조개를 볶아 국수위에 얹어도 좋고, 물 전분을 더하여 덮밥으로 먹어도 좋습니다. 조개의 진한 맛이 별다른 부재료 없이도 간편하게 맛을 내고 풍부한 영양을 채워 줄 수 있는 원 팬 요리라서 더욱 편합니다.

● **재료**

바지락 1컵, 식용유 2술, 마늘 1술, 청홍고추 1술, 다진 쪽파 1술, 간장 1술, 미림 1술, 국수 또는 파스타, 참기름, 통깨

● **조리법**

1. 팬에 오일을 두르고 마늘 편과 청홍고추를 볶는다.
2. 간장을 한술 둘러 물기를 주고 바지락을 넣어 센불로 볶는다.
3. 미림을 더하여 비린내를 잡는다.
4. 뚜껑을 덮어 조개가 입을 벌리면 양념이 배게 휘저어 불을 끈다.
5. 국수는 따로 삶아 유장(간장+참기름)에 살짝 버무린다.
6. 그릇에 국수를 담고 조개 소스를 얹어 낸다.

+Tips
볶은 조개에 물 전분을 넣어서 되직하게 만든 뒤 덮밥으로 먹어도 좋습니다.

오징어(갑오징어) 미나리무침

오징어 나 갑오징어는 풍부한 단백질과 감칠맛을 내는 아미노산 성분이 많아서 볶음이나 무침으로 많이 사용합니다. 여기서는 파와 함께 살짝 쪄서 비린내는 잡고 부드러운 질감으로 먹을 수 있게 준비하였습니다. 봄철에 싱싱한 미나리의 향과 같이 즐기면 힘이 나는 보양식입니다.

● **재료**

미나리, 오징어 1마리(식초 1/2스푼으로 밑간), 참기름 1스푼, 통깨 1스푼
초고추장 양념장: 고춧가루 1스푼, 설탕 1스푼, 다진 마늘 1스푼, 쌈장 1스푼, 국간장 1스푼, 매실청 1스푼, 취향에 따라 청양고추 1개

● **조리법**

1. 미나리는 식초 물에 담가서 씻어 물기를 뺀다.
2. 대파는 반으로 나누고 5~6 센티로 썬다.
3. 오징어는 깨끗이 씻어 파채 칼로 칼집을 넣는다.
4. 볼에 담고 식초로 밑간한다.
5. 밑간 된 오징어를 팬에 올리고 그 위에 대파 썬 것을 얹어 강불로 2분 쪄내고 바로 식힌다.
6. 양념 재료를 섞어 새콤달콤하게 초고추장 양념을 만든다.
7. 오징어는 대파와 비슷한 크기로 썰고 대파는 물기를 짠다.
8. 오징어를 양념에 버무려 참기름과 깨소금을 더하고 미나리를 풍성하게 섞어 낸다.

+Tips
밥이나 국수위에 비빔밥 식으로 내어도 좋고 삶은 파스타 면이나 국수에 얹어 먹어도 좋습니다.

해산물 커리

커리의 주 향신료인 강황(터메릭)은 항염증 효과가 탁월한 커큐민이라는 향신 성분을 가지고 있습니다. 특히 암세포의 사멸을 유도하고 혈관신생을 억제하는 등 항암 식품으로 손색이 없지만 커큐민의 분자량이 크고 지용성이라 식품으로서 흡수성은 좋지 않습니다. 그래서 지용성인 플레인요거트에 녹여 커리를 만들면 흡수력이 높아져 효과를 볼 수 있습니다. 요즘 강황 가루를 쉽게 구할 수 있지만, 커리 파우더로 믹스가 된 것을 사용해도 됩니다.

● **재료**

새우, 관자, 갑오징어, 홍합, 생선 살 등 다양한 해산물 1컵, 소금, 후추, 터메릭(강황 가루) 1작은술, 큐민 1작은술, 마늘, 생강

소스: 토마토 1, 양파 1, 토마토퓨레(또는 토마토 주스) 소스, 생크림 1, 플레인요구르트, 브로콜리와 컬리플라워, 당근

● **조리법**

1. 해산물에 소금, 후추 및 강황과 큐민 가루를 뿌리고 요구르트를 버무린다.
2. 팬에 오일을 두르고 약불에 살짝 구워낸다.
3. 곁들일 채소(컬리플라워, 당근, 브로콜리, 감자 등)도 강황과 큐민 가루, 요구르트에 재워두었다가 기름을 두르고 볶아낸다.
4. 팬에 오일을 두르고 다진 양파를 넣어 충분히 갈색이 나도록 볶다가 강황과 큐민가루, 요구르트와 토마토 퓨레(토마토주스나 생토마토 간 것, 없으면 케찹도 좋음)을 넣어 끓인다.
5. 소스가 완성되면 소금으로 간하고 해산물과 채소를 넣는다.
6. 생크림을 더하여 농도를 조절한다.
7. 밥이나 국수, 빵과 함께 낸다.

+Tips

커리 소스와 해산물을 같이 넣고 끓이면 새우나 오징어들이 모두 질겨지니, 양념을 따로 하여 볶고 커리 소스가 완성되면 넣어서 살짝 끓여냅니다.

새우 크림 마늘

새우와 마늘 향을 올리브유에 뽑고 다양한 채소를 더하여 생크림에 볶아낸 요리입니다. 파스타에도 어울리고 밥 위에 얹어서 먹어도 좋습니다.

● **재료**

포도씨유 5술, 새우 10마리, 깐마늘 10개, 무염 버터 1술, 다진 마늘 1술, 화이트와인 1/4컵, 생크림 1컵, 페퍼로치노 2개, 타임 5줄기, 파마산치즈 1/2컵, 다진 쪽파 5술, 곁들임으로 방울토마토 3개, 브로콜리 2조각, 새송이버섯 1개

● **조리법**

1. 새우는 손질해 준비한다.
2. 프라이팬에 올리브유를 두르고 브로콜리, 방울토마토, 새송이버섯을 구워낸다.
3. 오일을 더 하여 새우를 센불에 앞뒤로 구워 준비한다.
4. 깐 마늘은 편 썰어 버터를 넣고 중불에서 노릇하게 구워준다.
5. 생크림, 페퍼로치노, 타임을 넣고 중불에서 2분간 끓여 향을 우려낸다.
6. 소스가 완성되면 구운 새우와 채소를 넣고 파마산치즈, 다진 쪽파를 버무려 완성한다.

녹두 누룽지 닭곰탕

삼계탕에 비해 번거롭지 않게 끓일 수 있는 영양식으로 닭 다리나 가슴살 모두 가능합니다. 녹두는 예로부터 해독작용을 하는 식품으로 알려져 있는데 닭 육수에 더하면 담백하고도 구수한 맛을 냅니다. 이것만 해도 좋지만 식사로 곡류가 필요한 사람들에게는 밥 대신 누룽지를 같이 넣어 끓이면 아주 구수한 맛이 있습니다.

● **재료**

녹두 반 컵, 닭 다리살 또는 가슴살 1개, 양파 1/4개, 마늘 1알, 대파 1대, 대추 2~3개, 국간장 1술, 곁들임으로 팽이버섯 조금과 누룽지

● **조리법**

1. 닭을 정육에서 껍질은 모두 벗긴 다음 우유에 잠시 재워둔다.
2. 압력솥에 닭고기를 넣고 양파와 대파, 마늘, 대추에 물을 넉넉히 잡아 끓인다.
3. 압력이 걸리면 불을 끄고 식혀 고기를 건져 찢는다.
4. 국물은 체에 거른다.
5. 압력솥에 거른 국물을 붓고 녹두를 넣어 끓인다.
6. 먹기 직전에 찢어둔 닭고기, 대파 채, 팽이버섯과 누룽지를 넣고 후추를 더하여 낸다.

+Tips

미리 닭을 넉넉히 끓여서 1회 분량씩 나누어 냉동하여 두면 필요할 때마다 끓여 먹을 수 있습니다. 닭 껍질에서 기름기가 많이 나오고 냄새도 있을 수 있으므로 닭 껍질을 제거하고 끓이는 것이 깔끔한 맛을 냅니다.

레몬 페퍼 치킨

항암기에는 튀긴 음식을 삼가라고 하니, 그 맛있는 치킨을 못 먹어 안타까워하는 분들이 많습니다. 그런 분들을 위하여 튀기지 않고도 그 이상으로 훌륭한 치킨 맛을 내는 요리를 생각보다 손쉽게 만들 수 있습니다. 고온의 기름에 튀기는 대신 에어프라이어에서 구워 닭 껍질에 있는 기름이 다 빠져나가면서 바삭바삭하게 구워지는 원리를 이용합니다.

● 재료

닭 날개 12개, 소금 1술, 후추 반술, 파프리카 가루 반술, 오레가노나 타임 등 이탈리아 허브 가루 반술, 버터 1술, 레몬 1개(즙과 제스트), 꿀 반술, 통후추, 파슬리

● 조리법

1. 닭 날개에 소금과 후추, 파프리카와 오레가노로 간하여 하룻밤 냉장고에서 간이 배게 숙성시킨다.
2. 밀가루를 뿌려 에어프라이어 180도에 15분 구워낸다.
3. 버터를 전자레인지에 녹이고 레몬 제스트와 레몬 타임, 통후추를 넉넉히 갈아 넣고 레몬즙과 꿀을 넣어서 레몬 페퍼 소스를 만든다.
4. 구워진 닭에 레몬 페퍼 소스를 버무리고 파슬리 찹을 뿌려낸다.

에어프라이드 파르메지아노치킨

빵가루 와 치즈를 이용하여 겉바속촉 치킨 요리를 만들었습니다. 닭 안심은 기름기도 없고 연한 단백질 덩어리입니다. 촉촉하게 구워내는 것이 관건이라 디종 머스타드로 숙성시켰습니다. 닭 가슴살이나 다리 살, 날개를 이용해도 좋습니다.

● **재료**

닭 안심살 6개

닭 숙성 소스: 디종 머스타드 1T, 마요네즈 1술, 마늘 다진 것 1술, 빵가루 2술, 파마산 치즈 간 것 1술

디핑 소스: 그릭요거트 2술, 디종 머스타드 1술, 레몬주스 1술, 마늘 다진 것 반술, 양파 다진 것 1술, 드라이 딜 있으면 조금, 꿀(선택).

● **조리법**

1. 머스타드에 마요네즈와 다진 마늘을 섞어준다.
2. 닭 안심을 버무린 후 30분 이상 숙성시킨다.
3. 빵가루와 파마산치즈 소금, 후추, 올리브오일을 버무려 닭 안심살에 넉넉히 옷을 입힌다.
4. 에어프라이어를 예열하고 닭 안심을 올리고 200도에서 4분 구워 뒤집어 다시 4분 더 굽는다.
5. 그릭요거트에 디종 머스타드와 레몬즙, 마늘과 양파 찹을 넣어 소스를 만든다.
6. 꿀과 소금과 후추를 넣어 맛을 조정한다.

+Tips

디핑 소스는 그릭요거트도 좋지만, 취향에 따라서는 사워크림이나 마요네즈도 좋습니다. 오이가 있으면 갈아 넣어도 시원한 소스가 됩니다.

두부 강정

두부 강정은 어른이나 아이 모두 좋아하는 요리입니다. 그러나 두부를 튀기려니 튀김 요리는 안 좋다고 하기도 하고 기름 뒤처리도 부담이 됩니다. 암환자들에게 튀김 음식을 먹지 말라고 하는 이유는 상업적으로 튀김을 만들다 보면 기름이 여러 번 오래 가열되어 아클로레인이라는 발암성 물질이 만들어지기 때문입니다. 그래서 가정에서 쉽게 그리고 소량의 기름을 써서 두부 강정 하는 방법을 개발하였습니다. 두부도 넉넉히 먹을 수 있고 나쁜 산화 기름도 만들지 않는 건강하게 먹을 수 있는 강정입니다.

● **재료**
두부 1모, 소금 1/2t, 식용유 1술, 전분 1술, 청홍 피망 반개, 양파 반개
소스: 간장 2술, 마늘 1술, 미림 1술, 쪽파 1술, 건고추 2개, 물엿 반술, 설탕 반술, 통깨 2술

● **조리법**
1. 전날 두부를 채반에 놓고 무거운 것을 올려 냉장고에 둔다.
2. 청홍 피망과 양파는 조금 굵직하게 큐브 모양으로 썬다.
3. 물기가 완전히 빠진 두부를 큰 큐브 모양으로 잘라 전분을 고루 버무린다.
4. 팬에 기름을 자작하게 두르고 튀기듯이 구워준다.
5. 튀긴 두부는 눅눅해지지 않게 펼쳐 둔다.
6. 팬에 다시 오일을 두르고 다진 마늘과 쪽파를 넣어 볶다가, 간장, 물엿, 설탕을 넣어 끓어오르면 청홍 피망과 양파를 넣어 아삭하게 볶는다.
7. 소스를 두부가 깨지지 않도록 살살 버무리고 통깨를 뿌려 낸다.

+Tips
강정은 단단한 두부로 만드는 것이 더 맛있습니다.

무생채 두부구이

두부를 소금을 뿌려 굽고 무생채는 생채대로 만들어 같이 먹는 요리입니다. 생채인 상태로 곁들여도 좋지만, 팬에 무생채 무친 것을 깔고 한 김만 숨죽여 나가도 단백질과 섬유소가 멋지게 어울린 한 그릇 요리가 됩니다.

● **재료**
두부, 소금, 후추, 식용유, 전분 가루, 무, 설탕, 고춧가루, 식초

● **조리법**
1. 전날 두부에 소금을 뿌리고 채반에 놓아 간이 배게 한다.
2. 기름을 자작하게 두르고 두부를 구워준다.
3. 무는 채를 쳐서 고운 고춧가루와 소금에 살짝 절인다.
4. 물기를 짜고 식초와 설탕으로 무를 버무린다.
5. 팬에 양념한 무생채를 펼쳐놓고 한 김 올라오게 가열한다.
6. 아삭할 정도로 익었을 때 구운 두부와 함께 낸다.

+Tips
무생채 대신 숙주를 쪄서 생채 양념을 버무린 뒤 두부구이와 함께 먹어도 좋습니다.

아롱사태 수육 전골

쇠고기 나 돼지고기 같은 붉은 고기를 많이 먹는 민족일수록 대장암과 같은 각종 암 발생률이 증가한다고 합니다. 그러니 맛있기는 하지만 자주 먹는 것은 마음에 걸리는 일이 됩니다. 위험도를 줄일 수 있는 조리 방법이 삶아 먹거나 쪄서 먹는 방식입니다. 아롱사태를 압력솥에 삶아 그 국물과 함께 수육 전골을 만들어 먹으면, 구워 먹는 맛 이상으로 맛있고도 건강한 요리가 됩니다.

● **재료**

아롱사태 1개, 양파 반쪽, 대파 1개, 통후추 4-5개, 대추 2개, 숙주 한 줌, 배춧잎 4~5장, 팽이버섯 1/4팩, 부추 한 줌, 당근 1/4개
겨자소스(2인분): 양조간장 2큰술, 연겨자 1/2큰술, 설탕 1큰술, 식초 1큰술, 물 1큰술, 간마늘, 쪽파, 청양고추

● **조리법**

1. 압력솥에 양파와 대파를 깔고 아롱사태를 넣고 통후추와 대추를 넣어 물을 고기가 덮일 만큼 자작하게 잡아 끓인다.
2. 압력추가 돌아가면 약불로 5분 끓이고 압력이 빠지면 고기만 꺼내어 포일에 꼭꼭 싸서 냉장고에서 식힌다.
3. 육수는 체에 걸러 간장과 소금으로 간을 한다.
4. 아롱사태는 얇게 슬라이스 한다.
5. 숙주, 배추, 팽이버섯, 당근과 부추를 켜켜이 놓고 육수 부어주고 아롱사태 슬라이스를 올려주고 끓여 낸다.
6. 익은 채소와 고기를 찍어 먹을 겨자소스를 곁들여 낸다.

+Tips
고기를 삶은 후 전골에 쓰고 남은 쇠고기 육수는 소분해서 냉동하여 다양한 국물 요리에 이용하면 좋습니다. 사태 수육은 위 방식대로 뜨거울 때 꼭꼭 싸서 냉장고에 식어야 얇게 썰어집니다.

3. 전이와 재발을 막는 면역 강화식

"자, 축하합니다. 이제 6개월 후에 봅시다."라는 주치의 선생님의 말씀에 환우들은 감정이 복받칩니다. 그 힘들고 끝이 없을 것 같던 항암의 긴 터널을 드디어 빠져나온 것입니다. 그러나 병원을 나서면서 한편으로는 두렵고 떨리기까지 합니다. 혼자 망망대해로 나선 조각배 느낌이라고 하는 분도 계십니다. 다가올 수년간 항호르몬 치료와 정기검진만 남겨두고 있는 상태로 오롯이 본인의 정신력과 체력만으로 다시 나타날지도 모를 암의 공포와 맞서야 합니다. 가장 두려운 단어인 전이와 재발을 막기 위하여 매일의 식사로 싸우는 법을 이 장에서는 담았습니다.

이 단계의 식생활에서 첫 번째 조심할 것은 비만입니다. 비만은 유방암 재발의 위험 요인입니다. 수술과 방사선 요법 기의 회복을 위한 고단백식이를 잘 진행했다면, 이제 어느 정도 면역력도 체중도 회복되었을 것입니다. 1단계 항암 진정 식과 2단계 항암 고단백식을 모두 드실 수 있지만 이젠 양을 조절해야 합니다. 여기서 비만으로 넘어가지 않도록 조심해야 합니다. 에스트로겐은 자궁이나 난소뿐만 아니라 지방세포에서도 만들어집니다. 항호르몬제를 먹건 아니건 정상 체중으로 전이와 재발의 리스크를 줄여가야 합니다.

이 시기에 두 번째로 생각해야 할 것은 앞으로 장기간에 걸친 항호르몬 요법으로 인해 약해질 다른 장기와 뼈 건강을 살피는 것입니다. 칼슘을 넉넉히 먹고, 칼슘의 흡수에 도움이 될 음식을 같이 먹고, 칼슘을 낭비하지 않는 식단이 필요합니다.

그리고 마지막으로 전이와 재발을 방지하기 위해서는 무엇을 먹느냐도 중요하지만 무엇을 안 먹을 것인가도 중요합니다. 피해야 하는 음식은 그 재료가 무엇이건 '탄' 것과 '튀긴' 것 그리고 '하얀' 것(설탕, 백미, 소금)은 자제하는 것이 좋습니다.

오트 우유

우유를 마시면 설사하는 유당 불내증을 가진 분들은 우유를 섭취하기가 힘들지요. 한국인의 식단에 참 부족한 것이 칼슘인데 항호르몬 치료를 할 때 우유를 못 마시면 뼈가 텅텅 비는 일이 종종 생깁니다. 오트는 쌀보다 단백질이 많을 뿐 아니라 칼슘, 철분 등 한국인에게 부족하기 쉬운 무기질이 많아서 고마운 식물입니다. 오트를 갈면 수용성 식이섬유인 베타글루칸이 녹아 우유와 유사한 질감이 나와 식물성 우유로 오트 밀크는 크게 각광을 받고 있습니다.

● **재료**

오트밀 90~100g(1컵 분량), 물 5컵, 소금 2꼬집

● **조리법**

1. 오트밀과 물, 소금을 20초 정도 믹서기로 간다.
2. 병에 담는다.

+Tips

취향에 따라 오트 우유에 코코아 가루를 넣어 초콜릿 오트 우유를 만들 수도 있고, 바닐라 액과 꿀 등을 첨가하여 단조롭지 않게 마셔도 좋습니다. 요즘 상품화된 코코넛밀크나 아몬드 밀크, 오트 밀크 등이 시중에 많이 나와 있는데 아무래도 유통과정의 안전성과 맛을 향상시키기 위해 여러 화학물질과 첨가물들이 들어갑니다. 안전하게 가정에서 만들어 드시는 것을 권합니다.

오버나잇 캐럿 오트

오트는 의학적으로 콜레스테롤과 혈당을 낮춰주고 식욕을 조절하여 다이어트에 좋은 식품입니다. 민간요법에서 오트는 불면증과 신경 탈진, 그리고 허약한 신경조직을 달래는 데 전통적으로 사용되었습니다. 이런 점이 항암제의 부작용 중 하나인 심한 말초신경염증으로 고통받는 암환우들에게는 도움이 될 수도 있습니다.

● **재료**

오트 1/2 컵, 당근 짧게 채 친 것 2술, 소금 한꼬집, 우유 (또는 아몬드 밀크) 1/2 컵, 다진 호두 1술, 단맛이 필요하면 메이플시럽(또는 알룰로즈) 1술

● **조리법**

1. 재료를 넣고 섞는다.
2. 밤새 냉장 보관한다.
3. 호두는 굵게 다져서 올린다.

+Tips

오트는 당근과 맛이 잘 어울리는데, 그 외에도 사과 다진 것과 계피를 섞어도 맛있는 오버 나잇 오트를 만들 수 있습니다.

아몬드 우유

아몬드 우유의 역사는 고대로 거슬러 올라갑니다. 지중해 지역에서는 더운 기후에 상하기 쉬운 동물성 우유보다 아몬드 우유는 귀족들만이 마시는 귀한 음료였습니다. 특히 수도원 등에서는 아몬드 우유에 강황이나 계피 등 당시 귀한 향신료를 넣어 환자를 치료하는 치료 음료로 사용할 정도였습니다. 아몬드 우유는 생각보다 쉽고 간단하게 만들 수 있으니 환우들의 가정에서 만들어 드시는 것이 여러 합성물이나 보존제가 들어간 시판 아몬드 우유를 마시는 것보다 훨씬 안심됩니다.

● **재료**
생아몬드 1컵, 물 3컵, 바닷소금

● **조리법**
1. 생아몬드를 따뜻한 물에 반나절 불린다(뜨거운 물을 부어서 10분 정도 놔 두셔도 됩니다).
2. 불린 아몬드의 껍질은 쉽게 벗겨지니 비벼서 벗긴다.
3. 믹서기에 아몬드와 소금 한꼬집 넣은 후 물을 3배 넣어준다.
4. 충분히 갈아준 후 농도, 간을 보면서 취향대로 물과 소금을 추가한다.
5. 곱게 마시고 싶을 때는 채로 한번 걸러준다.

+Tips
꿀과 강황 가루, 생강가루, 계핏가루, 코코아파우더 등을 취향대로 넣어 향신 아몬드 우유를 만들 수도 있습니다. 농도를 진하게 갈아 다진 과일과 호두, 잣 등을 넣어 먹어도 아몬드 밀크를 이용한 영양 간식으로 사용할 수도 있습니다.

에브리씽 레드 주스

항암 중인 많은 환우는 인터넷에서 무엇이 좋다더라 하면 꼭 드시려고 합니다만, 준비하기도 번거로울 뿐 아니라 이런저런 채소를 섞으면 네 맛도 내 맛도 아닌 괴이한 맛으로 매일 드시기가 쉽지 않습니다. 단위가 큰 채소들을 이것저것 사놓고 이용을 못 해서 버리는 일도 많습니다. 에브리씽 레드 주스는 영양상으로 궁합이 맞는 카로티노이드 계열의 붉은 과일과 채소들을 섞어서 갈아 만든 주스입니다. 종류에 구애받지 말고 같이 갈아서 하루는 레드 주스로, 하루는 그린 주스로 마시면 쉽게 다양한 채소의 영양성분들을 마실 수 있습니다.

● **재료**

(집에 있는 각종 붉은 과일과 채소) 수박, 토마토, 사과, 골드키위, 귤이나 오렌지 등 레드 과일 1컵, 적양배추, 당근, 홍파프리카 등 채소 썰어 1/2컵, 레몬청(레몬즙과 꿀 또는 알룰로즈)

● **조리법**

1. 미리 과일은 냉동하여 준비하여도 좋다.
2. 당근, 적양배추 등 채소는 한 김 올려 찐다.
3. 과일과 채소, 레몬청을 더하여 같이 믹서기에 간다.

+Tips

수박, 오렌지, 귤, 사과 등 제철 계절에 많이 나오는 과일들이 저렴할 때 미리 잘라서 일회 분량씩 냉동시켰다 이용하면 따로 얼음이 없이 시원하게 마실 수 있습니다. 적양배추 등 채소도 과일과 함께 1회 분량씩 소분하여 냉동해 두었다가 갈면 손쉽게 레드 주스를 만들 수 있습니다. 항암 치료 시기에 호중구 수치가 낮게 나올 때는 면역성이 떨어져 있으니, 모든 채소는 쪄서 준비하고 과일은 껍질을 벗겨 갈아주셔야 하지만 그 시기가 지나 회복기에는 생과일과 채소로 주스를 만드셔도 됩니다.

에브리씽 그린 주스

시중에 ABC 주스, ACC 주스 등등 각종 몸에 좋은 주스류들이 나돌고 있습니다. 그러나 채소와 과일을 무작정 섞으면 맛도 맛이거니와 영양성분들도 뒤죽박죽으로 섞여 서로 길항작용을 하는 경우까지 있습니다. 에브리씽 레드 주스가 붉은색에 든 각종 카로틴과 식물 화학물질들을 드시는 것이라면, 에브리씽 그린 주스는 엽산을 비롯하여 클로로필과 같은 식물 화학물질들을 집중적으로 드시는 방법입니다. 에브리씽 레드 주스와 그린 주스를 하루씩 교대로 드시는 것을 추천합니다.

● **재료**

샤인 머스캣이나 그린 키위, 멜론, 청사과 등 초록 과일 300g, 미나리나 케일 4잎, 얼음과 물 100g

● **조리법**

1. 케일 등 채소는 살짝 쪄서 준비한다.
2. 초록 과일과 채소 재료를 모두 넣고 얼음을 넣어 믹서에 간다.

+Tips

케일은 쌈용보다는 주스용 큰 잎을 사용합니다. 케일이나 미나리 외에도 청경채, 브로콜리, 초록 파프리카, 샐러리 등 다양한 초록 채소를 사용하되 단맛은 과일과 레몬청을 더하면 됩니다. 한참 항암기로 면역력이 아주 약할 때는 모든 채소는 쪄서 갈아야 합니다만, 수술 후 회복 단계 이후에는 생채소를 갈아도 됩니다.

새우 오트밀 리조또

전자레인지를 이용하여 이렇게 훌륭한 아침 식사를 만들 수 있습니다. 손쉽고 시간도 짧게 걸리는 간단한 아침 요리이지만 새우와 오트밀, 호박으로 고른 영양 성분을 갖추고 있어서 학령기 자녀들을 둔 가정에서 엄마에게도 아이에게도 좋은 레시피입니다.

● **재료**

오트밀 반 컵, 냉동 새우 5마리, 양파 1/8개, 호박 1/8개, 단호박 썬 것 2술, 우유 1컵, 소금 한꼬집, 후추 조금, 올리브유 1술, 파마산 치즈 간 것 1술, 소금, 후추 파슬리 조금

● **조리법**

1. 호박과 양파는 큐브로 썰어 소금을 살짝 뿌린다.
2. 전자레인지 용기에 오트밀을 넣고 우유를 2배 붓고 소금, 후추, 올리브유를 풀어준다.
3. 새우, 양파와 호박을 섞어준다.
4. 전자레인지에 3분 돌린다.
5. 파마산 치즈를 얹고 뚜껑 덮어서 1분 더 돌린다.
6. 파슬리를 다져서 뿌려낸다.

+Tips
호박과 양파도 큐브로 썰어 냉동하였다가 이렇게 필요시마다 꺼내 쓰면 아주 좋습니다. 경제적이기도 하고 다양한 채소를 섞어 먹기에 손쉬운 조리 준비법입니다.

토마토 치킨과 강황 밥

지중해 전통적인 닭가슴살 요리입니다. 토마토소스에 닭을 부드럽게 익혀 메인으로 먹기도 하지만 파스타 등에 얹기도 합니다. 여기서는 강황 가루를 넣은 밥과 함께 드시면 맛도 어울릴 뿐 아니라 모짜렐라와 파마산 치즈가 강황의 흡수율을 높여줍니다.

● **재료(4인)**

닭가슴살 2개, 소금 1작은술, 후추 한 꼬집, 밀가루 1술, 식용유 2술, 양파 1/4개, 다진 마늘 1술, 방울토마토 반 컵, 올리브 10알, 선드라이드 토마토 1~2개, 토마토퓨레 1컵, 모짜렐라치즈 넉넉히, 파슬리 찹 조금

● **조리법**

1. 닭가슴살을 도톰하게 포를 뜨고 소금 후추를 뿌린다.
2. 밀가루를 입혀 오일을 두른 팬에 약불로 색이 나지 않게 지진다.
3. 닭을 꺼내고 다시 오일 두르고 다진 양파와 마늘을 볶다가 방울토마토와 올리브, 선드라이드 토마토와 파마산 치즈를 넣어 끓인다(시판 토마토 소스를 사용해도 좋다).
4. 육수나 물을 조금 부어서 농도를 걸쭉하게 맞춘다.
5. 닭을 팬에 도로 넣고 약불로 뚜껑을 닫고 은근하게 닭이 익도록 끓인다.
6. 마지막으로 닭 위에 모짜렐라 치즈를 편 썰어 얹고 쪽파를 뿌려 뚜껑을 닫아 부드럽게 녹인다.
7. 밥을 할 때 강황 가루를 오일에 볶다가 물과 소금을 넣어 밥을 한다.
8. 강황 밥에 치킨을 얹고 파슬리 찹을 얹어 낸다.

+Tips

많은 양을 준비할 때는 먼저 닭을 구운 뒤 오븐 팬에 소스를 깔고 닭을 얹은 뒤 소스를 덮고 200도 15분 익히면 됩니다.

잔멸 견과 김밥

항호르몬 치료를 할 때 가장 필요한 영양소 중의 하나는 칼슘입니다. 그런데 한국 식단에서 칼슘은 늘 부족하기 쉬운 영양소입니다. 우유를 꾸준히 먹지 않는다면 한국 식습관으로 칼슘의 필요량을 채우기는 쉽지 않습니다. 여기 칼슘의 보고인 잔멸치가 있습니다. 뼈째 먹을 수 있는 작은 사이즈로 견과류와 함께 볶아두면 든든한 밑반찬이고 이렇게 꼬마김밥으로 준비하면 듬뿍 먹을 수 있어서 좋습니다.

- **재료(2인분)**

잔멸치 1/2컵, 견과류(아몬드 캐슈넛, 호두 땅콩 등) 1/2컵, 밥 2공기, 참기름 1술, 소금 조금, 깻잎 6장, 식용유 2술, 마늘 1술, 청홍고추 다진 것 1술, 쪽파 2술, 간장1 작은술, 물엿 (올리고당, 대체당류) 1술, 취향에 따라 고춧가루 조금

- **조리법**

1. 마른 팬에 멸치를 덖다가 식용유를 넣고 멸치를 볶아낸다.
2. 멸치를 꺼내고 새 기름에 마늘 청홍고추, 쪽파를 볶아 향을 내다가 간장, 물엿, 고춧가루를 넣고 다양한 견과류를 넣어 볶는다.
3. 멸치를 더하여 양념이 고루 가도록 버무린 뒤 통깨를 뿌린다.
4. 밥에 참기름과 소금으로 간을 한다.
5. 김 반장을 놓고 밥을 올려 편 뒤 깻잎을 놓고 잔멸 견과 볶음을 올려서 만다.

+Tips
멸치의 산지나 종류에 따라 짠맛이 다르니 간장 넣는 양을 가감하고 견과류로 짠맛을 희석하는 것도 좋습니다.

유부 초두부

물기를 없앤 두부를 볶아서 밥 조금과 함께 유부 주머니에 채워 넣은 다이어트 식사입니다. 베이스는 담백한 두부이고 밥은 먹을 때 두부가 흩어지지 않고 접착제 노릇할 만큼만 조금 넣는 것이 좋습니다. 토핑을 불고기나 잔멸치 볶음 등 반찬으로 얹어도 좋고 형형색색 취향대로 골라 먹는 재미를 위해 토마토나 아보카도, 불고기 등 여러 재료를 얹어도 좋습니다.

● 재료

유부 피 10장, 냉동 두부 반 모, 밥 2술, 소금 1작은술, 후추 조금, 토핑용 참치 2술, 마요네즈 1작은술, 토핑용 깻잎 2장, 날치알 1작은술

● 조리법

1. 냉동 두부를 해동하면서 꼭 짜서 물기를 뺀다.
2. 팬에서 기름을 두르고 두부를 소금과 후추를 넣어 볶아준다.
3. 밥을 두부가 붙을 만큼만 넣고 참기름과 깨소금으로 간한다.
4. 참치를 기름 빼고 마요네즈에 버무린다.
5. 유부 주머니를 반 갈라서 두부와 밥을 넣어준다.
6. 깻잎과 참치를 올려낸다.

+Tips

단백질이 많은 냉동 두부를 넉넉히 먹을 수 있는 요리로 참치 외에도 멸치 볶음, 황태 볶음 등을 올리거나 아보카도 토마토 등 샐러드 거리를 올려도 좋습니다. 두부의 물기를 쉽게 짜려면 냉동 두부가 해동 시 저절로 물이 빠지니 손쉽게 할 수 있습니다.

두부피 라쟈냐

파스타 면 대신에 두부피를 이용하는 라자냐 요리입니다. 두부피는 파스타면보다 탄수화물도 적고 무엇보다 따로 삶아 준비할 필요도 없어 간편합니다. 게다가 시간이 지나도 불지 않고 쫄깃한 질감이 살아있어 미리 만들어 두어도 훌륭하지요. 만든 사람이 말하지 않으면 먹는 사람들은 맛으로는 면과 두부피를 구별하지 못할 정도입니다. 레시피대로 미트소스를 만들어도 좋고 간편하게 시판용 토마토 미트소스를 사용해도 됩니다.

● 재료

두부피 3장, 모짜렐라 치즈 1/2컵, 간 파마산치즈 2술, 파슬리찹 1술, 토마토퓨레 1컵, 쇠고기 또는 돼지고기 다진 것 반 컵, 양파 1/4개, 당근 1/4개, 샐러리1/4개, 마늘 2알, 올리브유 3술, 월계수 잎, 타임, 오레가노 등 이탈리아 믹스 허브 1작은술

● 조리법

1. 토마토 미트소스를 먼저 만든다.
2. 양파, 당근, 샐러리는 다진다.
3. 팬에 오일을 두르고 약불로 마늘을 볶다가 양파와 당근, 샐러리를 볶는다.
4. 고기를 넣어 볶는다.
5. 토마토퓨레를 넣는다(생토마토를 갈아서 넣어도 좋다).
6. 이탈리아 허브들을 넣고 소스가 되직해지게 끓인다.
7. 라자냐 세팅
   - 라자냐 팬(또는 알루미늄 도시락)에 소스를 바르고 두부피를 넣고 소스를 바르고 위에 모짜렐라 치즈를 얹는다.
   - 두부피 → 소스 → 치즈 순으로 계속 쌓아 올리고 마지막에 파마산 치즈를 넉넉히 올리고 파슬리찹을 뿌리고 에어프라이어에 180도로 10분 구워낸다.

+Tips

1회 분량씩 냉동할 수 있는 그릇에 미리 층층이 쌓아서 먹을 때 바로 구워도 좋다 냉동한 것을 구울 때는 160도에서 10분 포일을 덮어 굽다가 마지막 5분 온도를 올려 180도에서 뚜껑을 벗기고 구워냅니다.

컬리플라워 볶음밥

컬리플라워는 십자화과 채소로 섬유질, 비타민 B군이 많은 좋은 식재료이지만 한국에서 일반적으로 많이 사용되지는 않습니다. 그런데 컬리플라워는 다른 십자화과 채소와는 달리 특별하게 두드러지는 향미가 없고 식감이 아작아작하여 다이어트를 할 때 쌀을 대신하여 사용하여도 손색이 없습니다. 볶음밥을 밥 대신에 쌀알 크기로 다진 컬리플라워를 사용하여 만들어 보면 훌륭한 대용식이 되는 것을 발견할 수 있습니다. 밥알의 맛이 정 아쉬운 분은 밥과 컬리플라워를 반반 쓰셔도 됩니다.

● **재료**

쇠고기 다진 것 1/4컵, 새우살 5술, 다진 당근, 피망, 양파 등 집에 있는 색깔 채소 3술, 컬리플라워 라이스 1컵, 식용유, 마늘

● **조리법**

1. 팬에 오일을 두르고 마늘 다진 것과 양파를 볶는다.
2. 당근과 쇠고기 다진 것, 새우살을 넣어 볶는다.
3. 컬리플라워 라이스를 넣고 간장과 알룰로즈로 맛을 낸다.
4. 참기름과 통깨를 넉넉히 뿌려 낸다.

+Tips

간장 대신 굴 소스를 넣으면 훨씬 맛나다는 사람도 있습니다. 기호에 따라서 선택하면 될 것 같습니다. 컬리플라워를 커터기에 굵게 갈면 쌀알 사이즈로 쉽게 만들 수 있으니 만들어 냉동해 두면 두고두고 볶음밥을 쉽게 만들 수 있습니다.

가지 덮밥

가지의 보라색에 항산화물질이 많아 몸에 좋은 것은 누구나 알지만 맛있게 조리하기란 쉽지 않습니다. 가지가 스펀지 같은 조직으로 기름을 잘 빨아들이기 때문에 미리 소금에 절여서 꼭 짜면 기름 흡수도 덜 하고 맛이 달달하니 바싹하게 구울 수 있습니다. 가지뿐 아니라 피망이나 호박 등을 섞어서 만든 뒤에 차게 식혀서 다른 잎채소와 버무려 샐러드처럼 먹어도 좋습니다.

● 재료

가지 1개, 편 마늘 5개, 절임 양념: 소금 두 조금, 물엿 1술, 감자전분 1술, 식용유 3술, 간장 2술, 설탕 1술, 맛술 1술, 굴 소스 1술(옵션), 닭 육수 조금(1~2술), 마늘, 참기름, 깨소금, 매운 건고추 2개

● 조리법

1. 가지는 4등분하여 소금과 물엿 한술에 30분 정도 절인다.
2. 가지의 물기를 꼭 짜서 감자전분을 무치고 팬에 오일을 넉넉히 두르고 굽는다.
3. 같이 편 마늘도 굽는다.
4. 가지와 마늘이 노릇, 바삭하게 색이 나면 꺼내 펼쳐둔다.
5. 간장 2술, 설탕 1술, 맛술 1술, 굴 소스 1술(옵션)을 섞어 소스를 만든다.
6. 팬에 오일을 두르고 마늘과 양파, 건고추를 볶아 향이 나면 소스를 넣어 끓인다.
7. 소스에 닭 육수를 넣어 촉촉하게 만들고 구운 가지를 넣어 빠르게 섞는다.
8. 밥 위에 얹어 덮밥으로 제공한다.

+Tips

닭 육수는 센 불기운에 소스가 너무 건조하지 않게 촉촉한 물기를 주는 용도이지만 특유한 단맛으로 조미료 역할도 해줍니다. 닭 삶을 때 나오는 육수를 미리 큐브로 냉동시키면 편하게 활용할 수 있습니다.

토마토 계란 새우 덮밥

토마토 와 계란은 매우 잘 어울리는 궁합으로 3분 이내에 완성할 수 있는 쉽고도 영양이 고루 갖추어진 밥 요리입니다. 토마토는 기름에 볶으면 항산화제인 라이코펜이 녹아 흡수되기 쉬운 상태가 됩니다. 게다가 산미가 줄어들고 단맛과 감칠맛이 농축되어 별다른 조미료 없이도 맛이 납니다. 여기에 새우를 더하여 단백질을 보충할 수 있습니다.

● **재료**

토마토 1개, 올리브유 3술, 계란 2개, 새우 5마리, 간 파마산치즈 1술, 대파 1조각, 마늘 1술, 간장 1술, 물 반 컵, 전분 1꼬집, 올리브유 2술

● **조리법**

1. 계란을 풀어서 소금과 후추로 간을 한다.
2. 팬에 올리브유를 넉넉히 두르고 토마토와 채 친 대파, 새우를 굽는다.
3. 토마토와 새우를 뒤집어가며 익으면 계란 물을 붓고 빠르게 볶아낸다.
4. 계란 볶음을 팬에서 빼서 밥 위에 얹는다.
5. 미리 물 반 컵에 간장 1술과 전분 한꼬집을 넣어 섞어둔다.
6. 다시 팬에 올리브유를 두르고 마늘과 대파를 볶아 향이 나면 간장 물을 부어 끓인다.
7. 참기름을 더하여 맛을 내고 밥에 얹어 낸다.

+Tips

소스 없이 토마토 계란 볶음만 빵에 샌드위치로 넣어 먹거나 샐러드와 함께 먹어도 좋습니다. 참기름과 간장으로 간하면 한식 느낌이지만, 이태리식으로 버터와 파마산치즈를 갈아 넣어도 되고 취향에 따라 굴 소스와 노추유를 넣으면 중식 토마토 계란 볶음이 됩니다.

허니갈릭 버팔로 윙

에어 프라이어에 닭 날개를 구우면 사 먹는 치킨 튀김 못지않게 맛있는 버팔로 윙을 만들 수 있습니다. 요령은 하룻밤 냉장고에서 숙성시키는 것입니다. 간이 배고 수분이 날아가면서 구울 때 닭 껍질 속에 있는 기름이 다 빠져나와 사서 먹는 치킨 같은 겉바속촉한 질감이 나옵니다.

● 재료

닭 날개 12개, 소금 1작은술, 후추 1/4 작은술, 파프리카 가루 1/4 작은술, 오레가노, 타임 등 허브 가루를 동량으로 섞어서 1작은술, 버터 2술, 다진 마늘 1술, 고추장 반술, 꿀(대체당류 반술), 고운 고춧가루 반술, 전분 1꼬집, 레몬즙 1술

● 조리법

1. 소금과 허브 가루들을 믹스하여 닭에 버무린다.
2. 냉장고에서 공기가 통하게 채반에 받쳐 밤새 건식숙성 시킨다.
3. 에어프라이어에 넣고 200도에서 8분간 굽는다.
4. 팬에 버터를 녹이고 마늘을 볶다가 고추장과 꿀, 고운 고춧가루를 동량 넣는다.
5. 전분을 한꼬집 넣어서 농도를 조절해 주고 마지막에 레몬즙 넣어준다.
6. 구워진 닭에 소스를 버무려 낸다.

+Tips

닭튀김보다 드라이 에이징으로 구워내면 닭 껍질 자체의 기름으로 바삭하고 식감이 좋은 닭요리가 됩니다. 버팔로 윙은 원래 핫소스로 버무려 내는데 굳이 사지 않고도 한식으로 고추장과 고춧가루를 넣어 맛을 낼 수 있습니다.

단호박을 넣은 안동찜닭

달콤하고 짭조름한 간장 베이스에 마른 고추로 은근히 매운맛을 받쳐서 조린 안동찜닭은 누구나 좋아하는 음식이지요. 당면을 불려 넣어 한 끼 식사로도 되지만 단호박과 시금치를 넣어서 비타민을 골고루 채워도 좋습니다. 단맛 재료로 설탕을 줄이고 그 대신 건과일들을 넣어도 맛있습니다. 안동찜닭은 설탕을 태워 만든 카라멜을 넣어 단맛과 먹음직스러운 갈색이 나게 하는데 여기서는 갈색의 대추야자와 푸룬을 사용하여 색과 맛, 건강까지 잡았습니다.

● **재료**

닭 다리 살과 가슴살 각 1개, 간장 2술, 당근 1/4개, 양파 반개, 시금치 두줌, 단호박 조금, 불린 당면 1컵

소스: 건고추3개, 설탕 1술, 마늘 1술, 간장 2술, 파 1대, 마늘 1술, 대추야자나 푸룬 한 줌(무화과, 건포도도 좋다)

● **조리법**

1. 물 2컵에 간장, 매운 건고추, 설탕(물엿이나 꿀, 알룰로즈), 파, 마늘, 건과일을 넣고 끓여서 졸여 안동식 찜닭 소스를 만든다.
2. 닭은 한입 크기로 잘라 끓는 물에 미림을 넣고 한번 데쳐낸다.
3. 미리 단호박은 삶아 준비한다(삶아 냉동해 둔 것을 쓰는 것도 좋다).
4. 팬에 닭가슴살과 다리 살을 넣고 간장소스 부어 센불로 졸인다.
5. 어느 정도 졸아들면 단호박과 불린 당면을 넣는다.
6. 시금치를 넣고 참기름과 깨소금을 뿌려 낸다.

+Tips

전통적인 안동찜닭의 감자 대신 단호박과 시금치, 건과일을 사용하여 소스 농도를 맞추고 설탕이나 카라멜 양을 줄입니다. 단호박은 미리 전자레인지로 쪄서 한입 크기로 썬 뒤 냉동 보관하면 쉽게 여러 요리에 사용이 가능합니다.

쇠고기 스팀팩과 세 가지 소스

숙주나 버섯, 당근 등 채소를 넉넉히 맛있게 먹을 수 있는 요리입니다. 냉장고 속의 다른 채소들 즉 양파나 가지, 양배추, 피망 등을 고기 아래 깔아주어도 좋아요. 소스는 3가지로 준비해서 취향대로 찍어 먹게 만들면 질리지 않고 모든 가족이 만족합니다.

● **재료(2인분)**

쇠고기 불고깃감 반근, 양파 반개, 대파 1대, 팽이버섯 1팩, 냉장고에 있는 채소들 섞어서(숙주, 표고, 부추, 당근, 채 친 양배추 등) 2컵, 간장 1술, 와사비 취향껏, 마요네즈 1술, 연겨자 1술, 땅콩버터 1술, 레몬즙 1술, 통후추

● **조리법**

1. 찜 팬에 숙주와 양배추 채, 당근 채, 생 표고 등 채소를 섞어서 깐다.
2. 쇠고기를 길게 펼쳐 팽이버섯과 대파 채를 넣어 돌돌 만다.
3. 쇠고기를 한입 크기로 썰어 찜 팬의 채소들 위에 얹는다.
4. 아래 팬에 물을 끓여서 스팀 한다.
5. 김이 오르고 2분 지나 고기가 익으면 세 가지 소스와 함께 낸다.
6. 세 가지 소스
   (1) 간장 와사비: 간장+와사비
   (2) 땅콩소스: 땅콩버터 + 간장 + 레몬즙 + 잘게 다진 양파
   (3) 연겨자 소스: 마요네즈+연겨자

+Tips

찜 채소의 종류를 다양하게 가져갈 수 있으며 소스와 조합으로 실증 나지 않는 채식 식사를 할 수 있습니다. 단호박이나 비트, 연근과 같은 단단한 뿌리채소를 넣을 경우 먼저 3분 정도 찐 후에 나머지 재료를 넣어 쪄주면 어울리는 적당한 질감을 즐길 수 있고 애호박, 가지, 표고도 맛있습니다.

원 팬 해산물 냉동 파스타

재료를 넣을 때 순서만 잘 갈아서 넣으면 전자레인지로 파스타를 만들 수 있습니다. 빨리 익히기 위해서 펜네나 마카로니 같은 짧은 면이 좋아요. 긴 면은 잘라 넣어도 됩니다. 재료를 미리 다양하게 조합하여 토마토퓨레까지 부어서 바로 실리콘 그릇에 냉동하였다가 먹을 때 바로 전자레인지를 돌려 허브와 파마산 치즈를 넣어도 파스타 질감은 쫀득합니다.

● **재료**

펜네 반 컵, 마늘 1술, 닭 육수나 채수 3/4컵, 올리브유 1술, 안초비 1장 시금치 1줌, 새우 3~4마리, 방울토마토 3개, 토마토퓨레 2술, 소금, 후추, 이탈리아 허브 조금, 파마산 치즈 간 것 1T

● **조리법**

1. 전자레인지에 넣을 수 있는 그릇에 펜네와 마늘, 소금으로 간한 채수나 닭 육수를 붓는다.
2. 올리브유를 한 바퀴 돌린 후 앤초비를 찢어넣고 새우, 토마토와 퓨레를 얹는다.
3. 전자레인지에 뚜껑을 열고 10분 가열한다.
4. 시금치를 넣고 전자레인지에 1분 더 가열한다.
5. 뜨거울 때 이탈리아 허브와 간 파마산 치즈를 버무려 낸다.

+Tips

버섯을 채 썰어 넣어도 좋습니다. 정어리와 치즈가 짜므로 육수에 넣는 소금 간은 주의하여 넣어주고 조리하고 남은 이탈리아 허브들도 미리 다져서 냉동해 두면 마른 허브들보다 향이 좋습니다.

가자미 미역국

미역은 알긴산뿐아니라 풍부한 후코이단으로 암세포를 잡는 식품으로 알려져 있습니다. 자주 먹을 수 있게 대량으로 끓인 후 소분하여 냉동해 두면 먹을 때 바로 데워먹는 것이 편하지요. 국물을 잡을 때 캐슈넛을 갈아서 캐슈넛 밀크를 만들어 넣어주면 아주 고소한 맛이 나서 다른 조미료 없이도 애용할 수 있습니다.

● **재료**

미역 50g, 가자미 순살 2장, 참기름 1술, 캐슈넛 3술, 간장, 소금

● **조리법**

1. 미역은 불에 불려 먹기 좋게 자른 뒤 간장과 들기름에 무쳐둔다.
2. 가자미 순살은 식초를 조금 발라서 비린내를 제거한 뒤 헹궈준다.
3. 캐슈넛은 물을 10배 넣고 곱게 갈아서 준비한다.
4. 팬에 참기름을 두르고 미역을 볶으면서 간장 1술을 넣어 숨을 죽인다.
5. 캐슈넛 밀크를 넣고 물을 더하여 잡아 끓인다.
6. 어느 정도 끓으면 소금으로 간을 맞추고 가자미살을 넣고 푸르르 끓여 낸다.

+Tips

소분하여 냉동하고 먹을 때에 가자미 넣고 한번 끓이면 됩니다. 같은 국에 황태를 넣거나 쇠고기나 닭고기, 굴, 전복 등으로 변화를 주워 가며 먹어도 좋습니다.

컬리플라워 그라탕

컬리플라워는 담백한 맛을 가진 십자화과 채소로 탄수화물을 대신하는 요리에 많이 사용됩니다. 게다가 항산화 성분도 많아서 암환우들의 식단에 아주 긴요하게 쓰일 수 있습니다. 여기처럼 에어프라이어에 구워서 그라탕을 해도 되고 볶음밥에 밥 대신 컬리플라워를 밥알 크기로 다져서 쓸 수도 있지요. 스테이크처럼 크고 두껍게 썰어서 파프리카 가루와 올리브유를 발라 에프에 굽는 컬리플라워 스테이크도 맛있는 비건 요리입니다.

● **재료**

컬리플라워 1/4개, 버터 2술, 밀가루 3술, 우유 반 컵, 체다치즈 2장, 파마산 치즈 2장, 쪽파 조금 카이엔페퍼(고운 고춧가루), 후추, 소금
소스: 버터 1술, 레몬즙 1술, 고추장 1작은술, 전분 1작은술

● **조리법**

1. 컬리플라워를 조각낸다.
2. 볼에 밀가루와 우유를 섞고 마늘과 파프리카 가루, 소금, 후추를 넣어 걸쭉하게 반죽한다.
3. 에어프라이어에 종이 오븐을 깔고 반죽에 버무린 컬리플라워를 겹치지 않게 담고 160도에서 12분 굽는다.
4. 뒤집어 구워준다.
5. 고추장에 전분을 타고 버터를 넣어 전자레인지에 1분 돌려 소스를 만들고 레몬즙을 더한다.
6. 컬리플라워를 소스에 버무리고 체다치즈와 파마산 치즈, 쪽파를 뿌려 낸다.

+Tips

컬리플라워도 냉동이 잘 되는 채소입니다. 씻은 뒤 한입 크기로 썰어서 냉동해 두면 볶거나 그라탕 등에 손쉽게 쓸 수 있습니다. 브로콜리도 같은 방식으로 활용할 수 있습니다.

치아 푸딩

치아 씨드는 오메가3 지방산과 무기질이 많은 재료입니다. 치아씨드가 물을 만나면 끈적한 뮤신이 우러나오는데 이 성분이 위와 심혈관을 보호할 수 있습니다. 치아씨드는 밥에 넣어 먹어도 고소하고 씹히는 맛이 있고 견과류나 말린 과일과 섞어서 에너지바를 만들 수 있습니다. 뮤신은 물을 엉기게 하는 성질이 있기 때문에 이를 이용하여 아주 간단하게 푸딩을 만들 수 있고 우유를 써도 좋고 우유가 소화가 안 되는 분들은 아몬드 우유나 캐슈넛 밀크를 활용할 수 있습니다.

● **재료**

흰색 치아씨드 2술, 갈색 치아씨드 2술, 오트밀 3술, 아몬드 우유 반 컵, 그릭요거트 2술, 토핑용 과일(오렌지 1개) 호두와 아몬드 조금, 소금 한 조금, 설탕(단맛 대체로 꿀, 올리고당 가능)

● **조리법**

1. 치아씨드와 오트밀에 호두와 아몬드를 넣은 후 아몬드 우유를 부어준다.
2. 시럽이나 올리고당, 또는 대체당류를 넣어 단맛을 준다.
3. 소금을 약간 넣어준다.
4. 냉장고 속에서 하룻밤 두어 푸딩으로 엉기게 한다.
5. 푸딩이 굳어지면 그릭요거트를 올리고 오렌지 살만 썬 것을 보기 좋게 얹어 먹는다(다른 과일들을 사용하면 변화감 있게 먹을 수 있다).

PART. 4
유방암과 관련된 음식 루머와 진실

1. 석류

▶ 유방암 환자는 여성호르몬이 많은 석류를 먹으면 안 된다는데요?

예로부터 석류는 여성의 과일이라고 불릴 정도로 여성 건강에 유익한 것이 알려져 있습니다. 석류 속에는 에스트로겐과 유사한 식물성 에스트로겐 성분(제니스테인)이 많이 들어있습니다. 그래서인지 한때 SNS를 타고 유방암 환자들에게 석류는 금기 음식처럼 알려졌습니다. 실제 유사에스테로겐인 제니스테인이 석류에 많고 이들은 유방암 세포에 부착합니다.

그러나 최근 연구에 의하면 석류의 제니스테인이 유방암세포의 에스트로겐 수용체에 붙으면 천연 에스트로겐이 유방암세포에 붙을 수가 없어서 오히려 암의 성장을 억제한다는 보고가 많습니다. 즉 제니스테인이 유사 에스트로겐으로 유방암세포를 자라게 하는 것이 아니라 유방암세포의 성장을 막고 사멸시킨다는 효과가 많이 보고됩니다. 쥐를 이용한 실험에서도 유방암에 걸린 쥐에게 석류추출물을 주면 유방암의 크기와 무게가 점차 줄어드는 것을 보입니다.

그러나 주의해야 하는 점은 석류 가공추출물인 제니스테인을 먹는 것은 여러 위험 요소가 있다는 점입니다. 영양성분은 결코 다다익선이 아닙니다. 지금까지의 연구 결과들은 세포 수준 또는 동물실험의 결과이고 인체에 직접 석류추출물로 암세포의 성장을 테스트한 결과는 없습니다. 더구나 현재 먹고 있는 항호르몬 약품이 있는 유방암환우에게는 식품보다 수백 배 농축된 과량의 식품 보조제는 어떤 다른 상호작용을 보일지 모릅니다. 또한 가공 과정상의 안전성도 우려가 됩니다. 그러므로 내 몸을 임상시험으로 쓸 작정이 아니라면 성분추출물로 드시는 것은 말리고 싶습니다.

> **결론**
>
> 과일인 석류는 무죄입니다. 석류가 유방암 치료에 도움을 줄 가능성이 있고 최소한 해가 되지 않을 것이라 보고 있습니다. 그러나 식품 보조제로 추출된 제니스테인온 안전이 확인되지 않았습니다.

2. 커피

▶ 암환자는 커피를 완전히 끊어야 한다는데 정말인가요?

종종 커피를 아주 좋아하시는 환우들은 커피를 못 마시게 말리는 가족들과 갈등을 일으킬 정도로 스트레스를 받습니다. 암환우들이 커피를 마시면 마치 큰일이나 나는 것처럼 말씀하시는 분들이 많은데 사실 커피 자체의 효과를 직접 임상실험으로 연구한 결과는 없습니다. 다만 인구동태 상 연구(메타분석이라고 합니다)에서 커피를 많이 마시는 지역은 대장암 발병률이 낮고 위암의 발생률을 높다고 합니다. 그리고 유방암에 대한 결론은 커피를 많이 마시든 적게 마시든 혹은 아예 마시지 않든 유방암 발생률과는 관계가 없습니다.

다만 항호르몬 요법을 하는 유방암환우들은 대개 칼슘이 부족하여 골밀도에 늘 신경이 쓰이지요. 커피의 카페인은 골다공증을 유발할 수 있습니다. 골다공증을 유발하는 카페인 수준은 하루 330mg으로 보통 커피 매장에서 파는 커피 1잔에 약 100mg의 카페인이 들어있습니다. 그러므로 본인이 커피를 아주 좋아하고, 마시지 않으면 스트레스를 받을 정도라면 하루 커피 한잔 정도는 드셔도 됩니다.

또한 카페인에 예민한 분들은 커피를 드시면 불면증이 생기기 쉽습니다. 푹 잘 자는 것은 매우 중요한 회복 과정이니 수면에 지장이 있다면 커피뿐 아니라 카페인이 든 음료들을 자제하여야 합니다. 카페인은 커피 이외에도 녹차, 홍차, 탄산음료, 고에너지 각성 음료에도 많이 들어있습니다.

▶ 결론

1일 1 커피는 무죄입니다. 그러나 숙면과 뼈 건강을 위해 하루에 드시는 카페인 전체 양은 조심해야 합니다. 녹차, 홍차, 시중에 파는 에너지음료들(몬스터에너지 등등), 초콜릿 등 고카페인 음료를 드셨다면 그날 커피는 패스해야 합니다

3. 강황

▶ **강황이 암세포를 죽인다던데 매일 먹어도 되나요?**

커리의 주 맛 성분인 강황(터메릭)은 커큐민이라는 약리 물질이 많이 들어있습니다. 커큐민은 항염증, 항산화 효과가 있는 것으로 알려져 있고 특히 지방의 산화를 방지하는 효과가 있습니다. 지방이 산화되는 것을 막다 보니 DNA가 손상되어 암으로 돌연변이 되는 것을 막을 수 있다고 보입니다.

그러나 문제는 강황을 먹는다고 커큐민이 몸속으로 많이 들어가지는 않습니다. 커큐민은 입자가 크고 지용성 성분이라 물에 녹지 않습니다. 물에 녹지 않으니 장에서 흡수가 안 되고 빨리 분해되어서 커큐민 파우더로 먹어도 혈액과 조직에서는 거의 검출이 되지 않습니다. 그래서 강

황을 음식에 넣어 먹는다는 것이 얼마나 효과가 있을지는 미지수입니다.

그래서 일부러 강황이 흡수되기 좋게 분자구조를 변화시키거나 흡수 보조제를 붙여주는 식의 건강보조식품이 시중에 많이 나와 있습니다. 그러나 이런 건강보조식품의 효과가 학계에서 공식적으로 인정된 바가 없습니다. 환자에게 커큐민 보조식품을 먹여 암의 증식을 살핀 임상 시험도 없습니다. 만약 임상 시험에서 그런 효과가 인정되었다면 벌써부터 건강보조식품이 아닌 처방 약으로 나왔겠지만, 아직 약도 개발된 것은 없습니다.

강황이 든 음식을 먹을 때는 조심하여야 할 점이 있습니다. 강황은 점막 자극성이 있어서 항암 과정 중에 소화기 점막이 약해져 있을 때는 설사를 유발하게 됩니다. 욕심으로 많이 먹고 고생하시는 분들도 계신다는 점도 기억하시기를 바랍니다.

결론

강황은 먹으면 좋은 음식입니다. 단지 입안에 염증이 많고 장이 예민한 항암 요법 시기에는 권유하지 않습니다. 항암이 끝난 뒤 소화기가 다 회복된 후에 드시는 것을 권합니다.

4. 우유

▶ **유제품이 유방암에 안 좋다고 하던데 라떼 한 잔도 안 되나요?**

우유와 유방암의 관계에 대한 연구는 오래전부터 진행되어 왔습니다. 우유와 유제품 섭취가 유방암 발생에 미치는 영향에 대해 상반된 결과를 보여주고 있습니다. 아래는 주요 연구 결과 및 이와 관련된 의견들입니다.

(1) 우유 섭취가 유방암 위험을 증가시킬 가능성 연구

일부 연구에서는 고지방 유제품의 과도한 섭취가 유방암 위험을 높일 수 있다는 결과가 있었습니다. 이는 우유에 포함된 호르몬과 성장인자가 유방암 세포의 성장을 촉진할 수 있다는 가설에서 비롯됩니다. 특히 우유에 포함된 호르몬 성분이 여성호르몬 수용체에 영향을 미쳐 호르몬 관련 유방암 발생 위험을 증가시킬 수 있다는 연구도 있습니다. IGF-1(인슐린 유사 성장 인자-1)이라는 단백질도 우유에 들어 있는데, 이는 체내 세포 성장을 촉진할 수 있으며, 일부 연구에서는 IGF-1 수치가 높을수록 암 위험이 높아진다는 가설이 제시되었습니다.

(2) 우유가 유방암 발생을 낮출 가능성 연구

그런데 한편으로는 오히려 우유가 유방암을 낮춘다는 연구들도 그 이상으로 많이 나와 있습니다. 우유나 유제품을 꾸준히 섭취하는 여성들이 그렇지 않은 여성에 비해 유방암 발생 위험이 낮다는 결과도 보고되었습니다. 서울대에서 나온 논문은 우유는 유방암의 발생률을 낮출 뿐 아니라 대장암과 위암의 위험도 30% 이상 낮춘다는 연구 결과를 보고하였습니다. 가장 유제품의 소비가 많은 나라인 핀란드에서 유방암 발생률은 10위권 정도로 유제품 소비가 낮은 서구권 나라들에 비해 높지 않습니다. 나아가 저지방 유제품이나 우유를 발효시켜 만든 요구르트는 유방암 위험을 줄일 수 있다는 보고가 많습니다.

어찌 되었든지 직접 사람을 대상으로 임상 실험을 해볼 수 있는 부분이 아니다 보니 설왕설래하는 것조차 싫어서 아예 우유를 드시지 않겠다는 분도 계십니다. 그러나 우유에 포함된 비타민D와 칼슘은 분명 세포 성장을 조절하고 면역력을 높이며, 발효에 의해 생긴 유산균들이 신체 전반적인 건강에 긍정적인 영향을 미치는 것으로 확인되고 있습니다.

> 결론

비만을 피하고 우유의 좋은 성분들을 섭취하기 위해 저지방 우유와 요구르트 등 발효유 제품을 권합니다.

Ann Med. 2023; 55(1): 2198256. Published online 2023 Apr 20.
doi: 10.1080/07853890.2023.2198256

PMCID: PMC10120447 | PMID: 37078247

The association between breast cancer and consumption of dairy products: a systematic review

Heba Mohammed Arafat,[a] Julia Omar,[a] Noorazliyana Shafii,[a] Ihab Ali Naser,[b] Nahed Ali Al Laham,[c] Rosediani Muhamad,[d] Tengku Ahmad Damitri Al-Astani,[a] Ashraf Jaber Shaqaliah,[c] Ohood Mohammed Shamallakh,[e] Kholoud Mohammed Shamallakh,[e] and Mai Abdel Haleem Abusalah[f]

▸ Author information ▸ Copyright and License information   PMC Disclaimer

---

최근 2023년 NIH(미국 국립보건원)에서 이제까지 출판된 우유와 유방암에 대한 모든 논문을 모아 검토하고 타당성을 리뷰한 논문이 나왔습니다. 유방암과 우유에 대한 주제로 82건의 논문을 검토하였고 그중 조사 방법이나 결론이 합리적인 적격 논문은 18개로 선정되었습니다(나머지 논문들은 표본이 되는 대상을 선정하는 데 오류가 있거나 설문조사와같이 부정확한 조사 방법을 택했거나 결론으로 비약이 심하거나 등등 즉 질적으로 문제가 있는 논문이라는 얘기입니다). 그리고 이들 논문의 일관된 결과는 우유 섭취와 유방암 발생과는 반비례한다는 결론을 내었습니다.

5. 콩

▶ 콩의 이소프로빈이 유방암 발병률을 높인다는데 콩을 먹어도 되나요?

콩에는 이소프로빈이라는 에스트로겐과 비슷한 여성호르몬이 있습니다. 이소프로빈이 여성호르몬과 유사한 작용을 하기 때문에 유방암이나 난소암을 악화시킨다고 오해할 수 있습니다. 실제로 콩의 이소프로빈을 추출하여 건강보조제로 유방암 환자에게 먹인 임상실험에서 오히려 암의 발생률이 증가하였다는 보고가 나오면서 콩을 좋아하는 사람들을 놀라게 했습니다.

그러나 콩을 많이 먹는 민족일수록 유방암의 발생 비율이 낮습니다. 여러 인구학적인 연구를 종합한 결과 미국암학회에서 공식적으로 암환자가 콩을 먹는 것은 아무 문제가 없다는 결론을 내었습니다. 특정 성분이 유해성을 나타내려면 막대한 양이 필요한데 일상적으로 먹는 콩으로는 전혀 문제를 일으킬 수준이 아닙니다. 다만 콩을 가공하여 이소프로빈을 추출하여 가루나 환으로 또는 건강보조제로 먹는 것은 어떤 영향을 끼칠지 알 수 없으므로 삼가는 것이 좋습니다.

결론

콩과 두부, 비지와 두유는 안전하고 암의 발생을 낮추는 식품으로 인정되고 있습니다. 다만 고용량 콩 추출물은 주의해야 합니다.

6. 자몽

▶ **자몽이 유방암 환자들에게는 좋지 않다는데 사실인가요?**

2007년 발표된 한 연구에서는 자몽을 많이 섭취한 여성들이 유방암 발병 위험이 다소 증가할 수 있다는 결과가 보고된 적이 있습니다. 이론적으로 자몽은 두 가지 점에서 유방암 환자들에게는 적어도 유익한 식품이 아니라는 근거가 있습니다. 첫 번째는 자몽은 혈중 에스트로겐의 분해를 방해할 가능성이 있습니다. 자몽에 포함된 퓨라노쿠마린(furanocoumarin)이라는 물질은 간에서 에스트로겐을 분해하는 효소(CYP3A4)를 억제할 수 있습니다. 이에 따라 자몽을 많이 섭취할 경우 체내 에스트로겐 수치가 상승할 수 있기에 호르몬 양성암(에스트로겐 수용체 양성, ER+ 유방암)의 경우 자몽 섭취가 유방암 전이나 재발 위험을 증가시킬 가능성도 분명히 있습니다.

두 번째는 유방암 환자들이 유지 요법으로 타목시펜을 복용하는 경우 그 영향은 좀 더 심각합니다. 자몽에 포함된 퓨라노쿠마린은 타목시펜이 더 효과적인 엔독시펜으로 활성화되는 것을 막습니다. 따라서 타목시펜의 효과를 떨어뜨릴 뿐 아니라 대사되지 않고 남은 타목시펜으로 인해 약물 부작용이 증가할 수 있다는 보고입니다. 아침에 마신 자몽주스 한잔이 2~3일 이상 타목시펜의 활성을 억제한다는 보고가 있을 정도로 그 억제 능력은 아주 강력합니다.

결론

자몽은 정상인에게는 칼로리도 낮고 비타민 C와 여러 항산화물이 많은 좋은 다이어트 식품입니다. 그러나 호르몬 양성 유방암 환자는 자몽주스를 가까이하지 않는 것이 좋습니다.

7. 설탕

▶ **설탕이 암세포를 키운다고 하는데 설탕을 절대 먹어서는 안 되나요?**

'설탕이 암세포를 키운다'는 주장에 대한 과학적 근거는 설탕이 고당분 식품으로 과도하게 섭취하면 혈당이 급격히 상승하고, 이에 따라 인슐린 분비가 증가하는 사실에 기인합니다. 특히 혈당이 롤러코스터를 탈 때 나오는 인슐린 유사 성장 인자(IGF-1)는 암세포의 증식을 촉진할 가능성이 있습니다. 따라서 혈당이 자주 급상승하는 상황을 만들면 암세포가 더 빨리 자랄 수 있다는 이론적 가능성은 있습니다.

하지만 암세포는 빠르게 성장하고 분열하기 때문에 많은 에너지가 필요합니다. 포도당이 없으면 정상세포와 달리 다른 연료(지방산)를 사용하여 자랍니다. 그러므로 설탕을 안 먹는다고 암세포가 성장하지 못하는 것은 아닙니다. 따라서 암세포를 굶기고자 극단적으로 당을 제한하면 암세포는 다른 방법으로(지방에서) 에너지를 얻고 정상세포만 굶어 힘든 상황이 됩니다. 더구나 우리의 뇌세포는 포도당만을 먹고 살기 때문에 더 나쁜 상황을 만들 수도 있습니다.

중요한 것은 설탕을 절대 안 먹는 것이 아니라, 설탕이 가지는 고열량으로 인해 비만하지 않게 하는 것이고 혈당을 급하게 출렁거리지 못하게 만드는 것입니다. 설탕뿐 아니라 설탕과 유사한 효과를 내는 과당이나 꿀, 정제당 등과 당이 많이 든 가공식품을 덜 먹는 것이 중요합니다. 대신 섬유질이 많은 통곡식과 과일, 채소를 껍질까지 먹는 건강한 식단을 유지하는 것이 중요합니다.

결론

비만이 암세포를 자라게 하지 설탕이 암세포를 '특별히' 더 자라게 하는 것은 아닙니다. 비만의 원인이 되는 식생활을 피하고, 설탕이 든 음식을 먹었으면 혈당의 급상승을 막기 위해 30분 정도 후에 산책이나 조깅 등 가볍게 운동해서 혈당의 출렁임을 막는 것이 좋겠습니다.

유방암 환우를 위한 요리닥터

발   행 | 2025년 05월 20일

저   자 | 최정희, 전정연, 이민주, 이주명
펴낸이 | 심진보
편   집 | 윤경희
펴낸곳 | 투비스토리㈜

출판사 등록 | 2024.07.18. (제2024-203호)
주   소 | 서울 강남구 테헤란로2길 27 비전타워, 10층 1022호
전   화 | 070-8676-7132
이메일 | help@2bstory.com

ISBN 979-11-988599-8-3 (03590)

www.2bstory.com
최정희 2025

본 책은 저작자의 지적 재산으로서 무단 전재와 복제를 금합니다.